鍋田

子どものまま中年化する若者たち

根拠なき万能感とあきらめの心理

GS

幻冬舎新書

386

子どものまま中年化する若者たち／目次

図版作成・DTP　美創

プロローグ

何もかもあるのに何もない世界

この何年か、我々は、何もかも溢《あふ》れるほどにそろっているのに、何もないような世界に生きている。ものも情報も遊びもシステムも溢れていて溺《おぼ》れそうなのに、手ごたえのあるもの、信ずるもの、理想や希望、守るべき規範などが失われた世界に生きているような気がする。

そのためか、我々は、手ごたえを持つことができないまま、ただ何となく用意されたものの中から、何かを選んで流れていくしかない。この先に何があるかもわからず不安ではあるが、そうかといって他の道が見えない。ぼんやりと存在するこれまでの方角に、黙々と歩みを進めるしかないとあきらめているようにも見える。

昨年2014年の自民党圧勝の総選挙は、そのような時代の象徴的な出来事だ。多数の政党が並んではいても、心から選ぶことができない。あまり希望が持てない古びた資本主義・消費社会を生きるしかないのか、というあきらめの選択のようでもあった。

人は「途方にくれる」とうつ病になるというのは私の持論である。うつ病の明確な増加は1

995年ごろからである。その少し前から、多くの人が途方にくれだした可能性が高い。そして、それとほぼ同じ時期から、子どもたちや若者の悩み方が変わってきている。

たしかに子どもたち・若者たちは変わってきている。私は、30年近く、各大学病院で思春期外来を中心に若者たちの臨床に携わってきた。2011年まで日本青年期精神療法学会の理事長を4年ほど務めさせていただいた。その経験から、10代から20代の若者の悩みが、ここ十数年来、変わりはじめていることを痛感している。

とくに、何とか立ち直ろうとする力が落ちている。悩む力が落ちている。そのため症状そのものの輪郭が曖昧《あいまい》になってきている。自分について語る力も落ち、主体的に動く力も落ちている。

「それは無理です」

そのようなことを考えていた時に、臨床とは無関係なところで若者の変化にショックを受けた。

私は、十数年、大学の心理学科で教鞭をとってきた。あるゼミの折、私が、授業に必要な資料のコピーを学生の前で整理していた時である。かなりボリュームがあったので時間がかかった。十数名のゼミ生は黙って座っていた。

誰かが「お手伝いしましょう」と言ってくると思っていたが、誰も来ない。しかも、雑談しているわけではない。ただ、黙って私の作業が終わるのを待っているだけなのだ。そこで、私も「手伝ってくれ」と言わずに、どうなるかを確かめようと考え、作業を続けた。結局、誰も言い出さず、作業は終わった。ショックであった。しかし、本当にショックを受けたのは、そのあとのことである。

私は学生たちを叱った。「君たちの多くは、いずれ、カウンセラーになろうとしている。それに必要なのは、人の困っていることに対して、率先してかかわろうとする姿勢だ。それなのに、私が困っている姿を見ても、何もしないという姿勢は反省すべきではないか」と。

すると、しばらくの沈黙のあと、一人の女子学生が以下のように答えた。

「先生、それは無理です。私たちは、小さい時からアーシロ・コーシロと言われ、それに沿って生きるように育てられました。それなのに、突然、気を利かせろと言われても無理なんです。指示してくれなければ動けません」と。

全員ではないが、大方の学生がうなずいていた。このことがショックであった。しかも、彼女は淡々と答えていた。これが、若者について言われている「指示待ち」傾向であることは私もわかっている。しかし、直面するとがっかりする。

このような経験から、臨床においても、一般学生においても、若者が、ここ十数年で大きく変わってきていることを痛感した。

この話を、私が産業医をしている企業の社長さんに話したところ、「私も、困っているのです。何か言うと、『無理です』と言う若い社員がいて、どのように指導してよいか悩んでいるんです。そのうえ、強く言うと辞めてしまいます」と。

たしかに、若者たちの自主的な動きは鈍くなっていると感ずる。しかも、自分のペース以外の動きができない。頑固というよりもワンパターンなのだ。それを会社の都合で変えろと言われても、困るばかりで「無理です」と言うしかない。言わない子が、無理に合わせていると、容易にうつ状態に陥る。どうも学生ばかりでなく、若い社会人も変わってきているようだ。

植物化する男子、クラゲ化する女子

私には、若者たちの動けない、あるいは、動かない様子を見ると、彼らが「培養される植物」のような生き方をしているのではないかと思えてならない。おとなしく、手足ばかりがツタのように伸びはじめているような気がする。

ある「ひきこもり」の大学生を持つ母親にこう言われた。「うちの子は、一日中、パソコンの前から動かないんです。まるで根が生えたようです。食事は私が運びます。よく食べます。だから大きく育っています。身の回りのことはすべて私が用意します。あの生き方は、培養されている植物と同じです。いったい、これからどうするんでしょう」と。

培養される植物は、完全に栄養が管理され提供される。風も吹かず、熱い太陽に耐える必要もない。すべてが提供される。自分が置かれた場所で、環境が提供してくれるものを取り入れながら生きていく。ただすくすくと伸びていく。体は大きくなる。すべてが受け身的で動く必要がない。しかし、与えられた環境で生き続けるしかない。自分の狭い世界でワンパターンに生きるしかない。

「ひきこもり」の子に限らず、私が教える大学の学生の中にも、動く範囲が狭く、人とそれなりの距離をとり、傷つくのを恐れ、自分の世界から出ようとせず、黙々と課題をこなす子が増えている。どうも、最近の若者はどこか「省エネ」で生きているような印象を受ける。なるべくリスクを避け、活動を狭い範囲にとどめ、本当に必要なもの以外にはまったく興味を示さず、小さな世界で生きている。恋愛すら、なるべく省エネで済まそうとする子も多いようだ。このような傾向は男子に目立つ。

また、漂うように生きる若者も増えている。目の前のこと、目の前の相手だけに反射的に反応し、断片的な関係性・浅い関係性で済まして日々生きている子だ。女子に多い。私は「クラゲの生き方」と呼んでいる。それは、ある女の子が自分の生き方を「クラゲのようなものよ」と言ったからだ。

彼女は、高校時代、クラスメイトに気を遣いすぎて疲れきって退学した。その後、地域の友達の家を転々としているうちに一人の男性と暮らすようになったが、彼の束縛がきびしかったため（ソクバッキーと呼ぶらしい）、彼から逃れ、一人暮らしをするために風俗に勤めるようになったという。その後、何人かの男性と付き合ったが、長続きしなかった。長続きさせたいとも思わなかったという。そして、時々、何となくリストカットしているような子である。

彼女は「どうせ早く死ぬからいいの」と言うのが口癖であった。若い女の子は、それだけで商品になるから、消費社会では、漂っていれば飢えることもない。それはクラゲの生き方だ。漂い続け、餌が手に入らなければ死ぬことになる。

ワンパターンでモノトーン

培養植物君や省エネ君、クラゲちゃんなどに共通しているのは、理想も目標もなく、どこか不安そうで、傷つかないように周りの様子を見ながら、周囲に合わせ、ワンパターンで、淡々としている点である。違いは、狭い世界にじっとしているか、漂っているかだけである。実は、渋谷あたりでフラフラと漂っている若者たちの行動範囲は、きわめて狭いことも知られている。全体に動きは鈍く、小さな世界で生きようとしている。彼らには、生き生きとした活動性も、積極的な主体性も、強い思いもなく、必死に何かを求める気持ちも消えている。どこかモノトーンに見える。

これまで、若者たちの悪い点を指摘してきたが、学生と付き合っていると独特の良さも感ずる。何よりも欲深くない。彼らは、ブランド品も自動車も欲しがらない。欲そのものが低下している。そして、無理をせず、リスクを避け、他人の領域には極力立ち入らないようにし、自分のペースで地道に課題に取り組む子が増えている。内向きではあるが、省エネ的生き方の良さとも言える。

私の子どものころ、裕福な家で大切に育てられ、近所の子どもの世界に入らない子が何人かいたが、今の子は、そういった子の雰囲気に似ている。裕福な家の子は、素直でやさしく、傷つきやすく、淡々として無理をせず、状況が読めず、マイペースで、もの欲しそうではない気品があった。どこか似ている。鳩山由紀夫氏の雰囲気に似ている。生活感がない。手ごたえがない。反対に、北野武氏や武田鉄矢氏のような、生き抜いてきた迫力のある若者が消えてしまった。

子どものまま中年化する若者たち

「青春」と言えば、北野・武田両氏が若者だったころのような姿が思い浮かぶ。夢を抱き、社会の中央に出て大物になろうと必死に努力する姿だ。あるいは、親とぶつかり社会に反感を抱き、仲間と徒党を組んで激しく自己主張する姿だ。このような姿が消えてしまった。

そして、いつまでも親離れせず、遊び気分を抱き、ファンタジーの世界を好み、未熟な自己中心性を抱き、友達からの承認を求め続けるなど、子どものままの生き方をする。その一方で、リスクを避け、今の生活レベルを守り、家族だけを大切にし、上から言われたことには反抗せず、与えられた狭い世界に順応し、ワクワクすることよりも、ゆったりできることを望み、何よりも居心地の良さを大切にする。

これは中年の生き方だ。今の若者は、中年のような子どもとして、子どものような中年として、ずっと生きていく。

他国とは異なる変化が起きている？

少し前に会ったドイツの臨床家は、ドイツの青年も無気力な傾向を示すと言っていた。アメリカも公民権運動、ベトナム反戦運動、ヒッピー運動などが隆盛した１９６０年代を過ぎたあとには、「ジェネレーションX」という、無気力で、ミーイズムのような、内向きでシラケ世代の若者が問題になった。ここにも、青春のエネルギーは見られない。

青年の無気力さは、国そのものが青春を過ぎて飽和社会・成熟社会に入った先進国に共通している可能性がある。しかし、最近、多くの欧米の若者と交流する機会を得て痛感したのは、彼らが自分の主張を持ち、宗教を大切にし、予想以上に家族との強い絆《きずな》を持っていたことだ。少なくとも、彼らには、わが国の若者に感ずるモノトーンさはなかった。

どうも、わが国では、他の国とは異なる劇的な変化が起きているようだ。

すでに多くの社会学者、マーケティングの専門家を中心に、若者や世代間の変化についてはは報告されている。しかし、社会学的なアプローチは、どうしてもマスでの質問紙調査などに基づいていることが多く、マーケティングからの視点は経済活動に焦点が向けられるため、個人の悩みの本質にアプローチすることが苦手である。

また、小此木啓吾氏の『モラトリアム人間の時代』など、多くの精神科医による若者論もあるが、その時代もすでに過去のものとなり、今の若者の姿にはそぐわなくなっている。

そこで、本書では、最近のわが国の若者に何が起き、どのように変わりつつあるのかを、さまざまな視点から、できる限り、心の奥深くまで描き出してみたい。

そして、新たな世代には何が期待でき、何は期待できないかを私なりに考えてみたい。

もしかしたら、若者を中心に新しい生き方が生まれつつあるのかもしれない。

(なお、臨床のケースについては、守秘義務の点から、多少、個人の内容は修飾しているが、本質は変わらないよう努めた)

第一章

いま若い世代に起きていること

時代とともに人は変わる。若者はとくに時代の影響を受けやすい。しかし、ここ20年近い間の、若い世代の変化は驚くべきものがある。

やさしくて傷つきやすい
不器用でグズ
素直で良い子

これはジブリの宮崎駿氏が、テレビの対談で、彼のところで働く若者について述べた言葉である。言葉が正確であるか自信はないが、このような内容を語られたことは確かである。私も大学生と接していて、同じようなことを感じていた。何かが大きく変わりつつある。

また、以下の文章は、昨年、ある大学院の学生が、「今、何を大切にしているか」という私の問いに答えたものである。

「何を大切にしているか?」というご質問でしたが、私だったら大切にするものさえない。

それさえわからないと思います。とくに大事なものもなく、希望もないからこそ「何となく」生きている。自分が何をしたいのか、何が欲しいのかさえわからないから、動けない。だけど、何か欲しい……（大切とは少しずれてしまいますね）。

もし大切にしているものがあるとすれば、はっきりしたものではない気がします。「幸せ」や「楽しさ」「つながり」のような漠然とした、つかみどころのないものかなと思います。それは実体のあるものではなく、SNSのようなつながりでもいい。個人化、バーチャル化しつつあるけれど、本当はつながっていたいし、一人は嫌……。だけど集団では過ごせない。とっても曖昧で、漠然としたものが大事だと思い、それを、あたかも求めているように生きているのではないかと思います。

強いて言うならば、「自分」を大切にしているのかもしれません。自分を守りたいからひきこもり、いじめの傍観者にもなる。傷つきたくないけど、つながっていたいからネットで会話する。失敗したくないから、親の言うことを聞く。周りから価値下げされたくない（プライド）から周囲に合わせる、自分を出さない。

「自分を大切にしている」といっても、個性とかではなく、自己愛のような、外ではなく、内へエネルギーを使っているような感じです。

この学生は、とても優秀である。言われたことはしっかりやる子である。その彼女さえも、夢もなく、手ごたえのない世界の中で、漠然とした不安を抱き、自分のプライドのようなものを守りつつ、人と距離をとり、しかしつながりを求め、漂うような心理状態で生きていることがわかる。彼女の生き方は、今の若者の心の在り様をよく示している。

時代とともに、若い世代がどのように変わりつつあるかについては、さまざまに報告されている。そこで、私の専門領域である臨床における変化について述べる前に、いくつか重要と思われる調査結果や、専門家の意見、そして私自身の体験などについて述べたい。

もはや動物でなくなりつつある
――学童期の子どもたちの変化

さまざまな身体機能の低下

まず、わかりやすい身体機能の低下から話を始めよう。さまざまな身体機能の低下は、学童期にも思春期にも見られるという報告が多いので、ここで一括して述べる。

文科省による1964年度から2013年度までの調査がある。それによれば、11歳、13歳、

16歳、および20代までの児童・青年においては、持久走、立ち幅跳び、握力、ボール投げなどが1980年代前半から低下し続けているという。とくに、2005年ごろまでに急速に低下し、その後は横ばい傾向にある。持久走、ボール投げ、握力の低下傾向は顕著である（図表1参照）。ただ、50m走のみは回復傾向にある。これは、小学校などでの取り組みのせいかもしれない。そして、理由はわからないが、上体起こし、反復横跳びは伸びている。

全体としては、身長・体重などの体格は伸びているが、持久走、ボール投げなどの基礎体力の低下が著しい。

図表2は、別に行われた調査結果で、11歳、14歳、17歳の男女の背筋力の年次推移である。一目瞭然で、背筋力はすべての年齢で低下し続けている。この調査はやや古いものであるが、鹿児島大学の別の調査でも、2005年の入学生と2009年の入学生を比較したところ、やはり、2009年の入学生のほうが低下していたという結果が得られた。とにかく低下は続いているようだ。背筋力というのは、ものを持ち運ぶ時にとくに必要な筋肉と言われている。子どもたちが重いものを運ばなくなったのは、家事や仕事を手伝わなくなったことと関係しているかもしれない。

また、1956年の調査では、成長するにしたがって（大体12歳ごろになると）、血圧調節能力が安定していたのに、1995年以降の複数の調査で、安定する傾向が見られなくなって

図表1　1964年度を基準値とした体力・運動能力の相対的推移

（高校生・16歳）

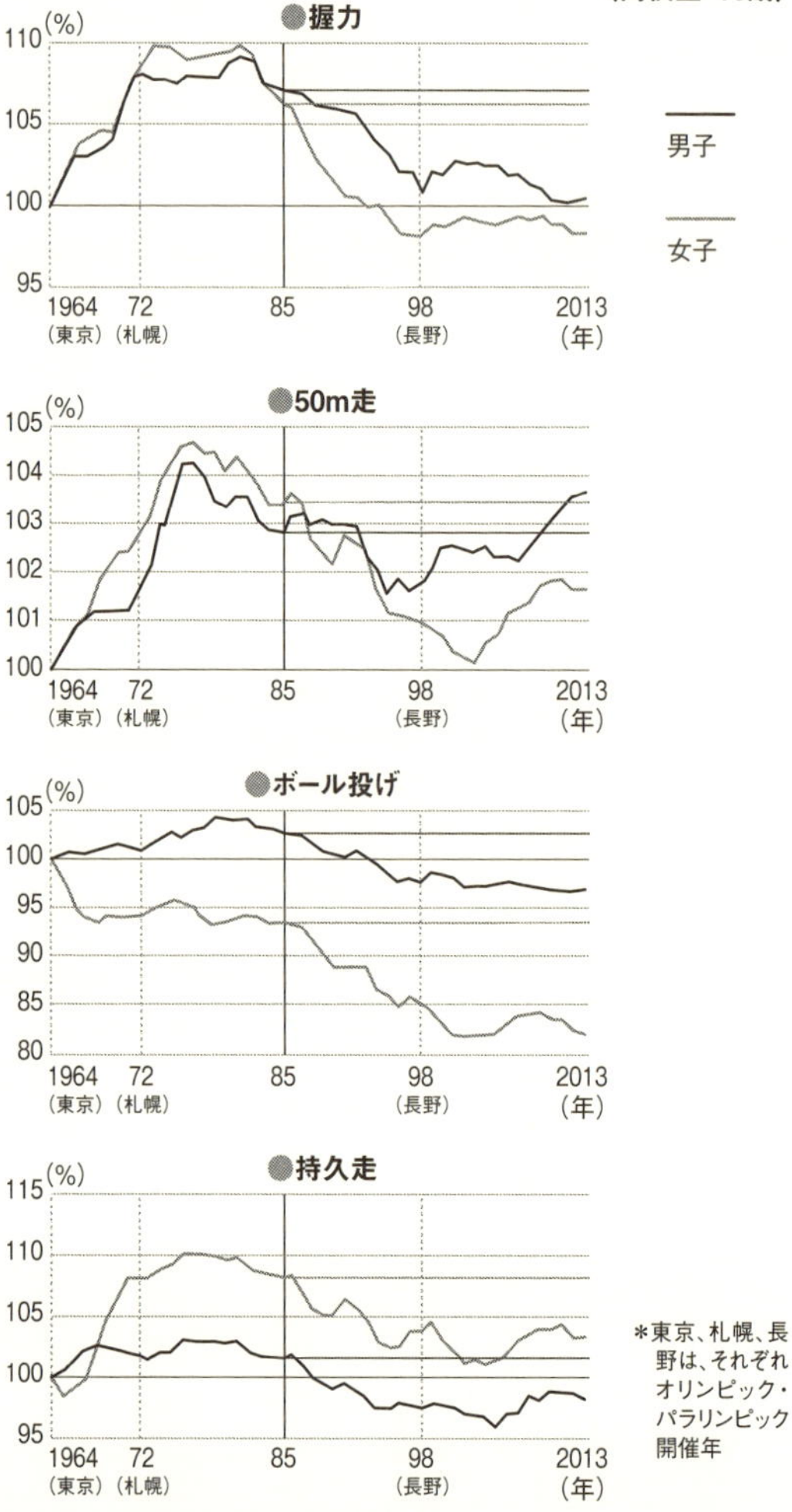

＊東京、札幌、長野は、それぞれオリンピック・パラリンピック開催年

出所：文部科学省「平成25年度全国体力・運動能力、運動習慣等調査」

図表2 背筋力指数(背筋力／体重)の年次推移

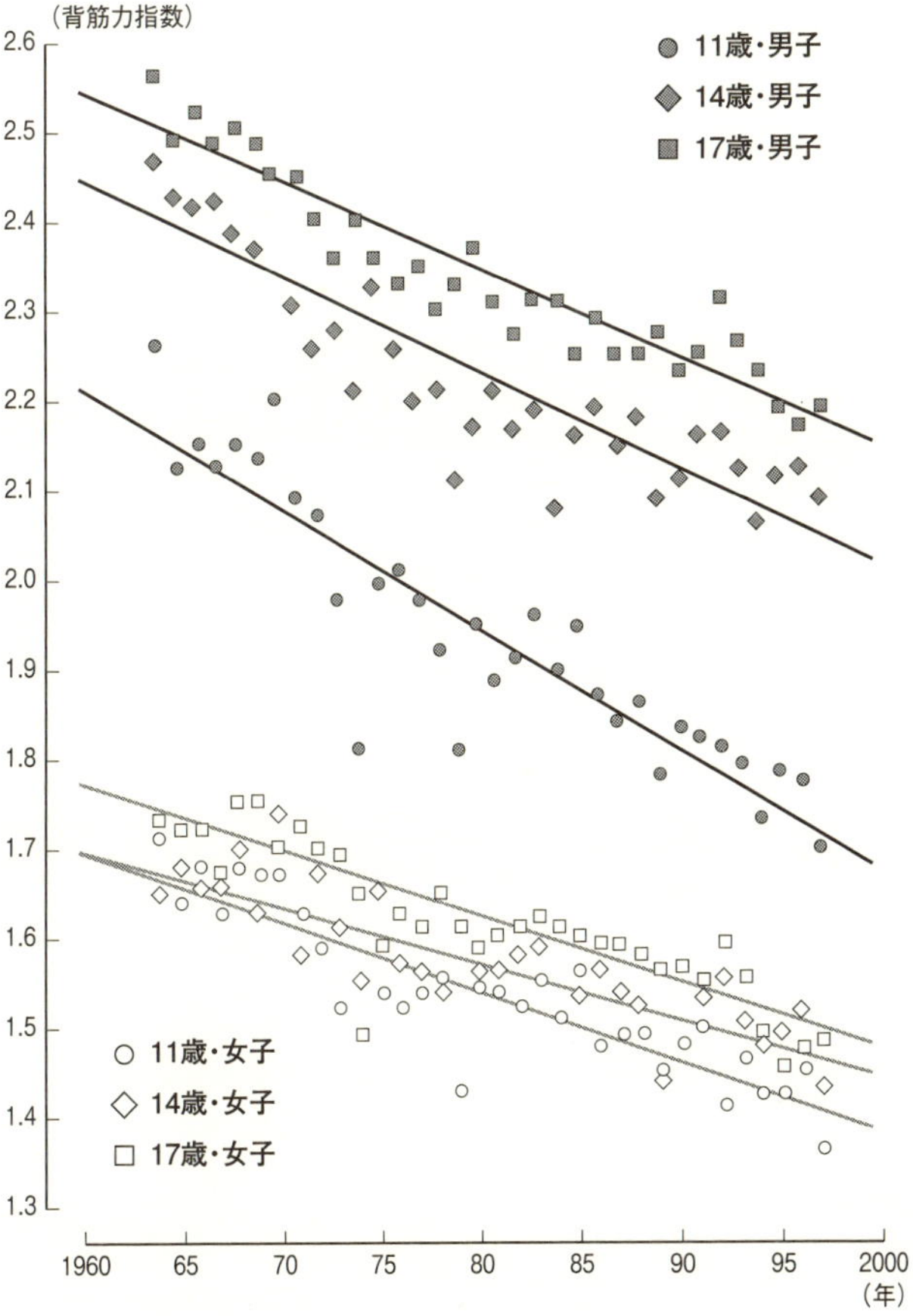

＊文部省「体力・運動能力調査報告書」(1964～1997年度)をもとに作成

出所：「子どもの背筋力低下に関する研究」(清水みどり、野井真吾、正木健雄)

いるという。それ以上に、14歳前後では、かえって血圧調節能力が低下している子が増えているという報告すらある。

子どもたちの活動量の変化の調査もある。岡山県内の5歳児の歩数を調査したもので、1日の平均歩数は、1987年では1万2000歩、1993年には8000歩、2000年には4900歩と13年間で半分以下に激減している。小学生に対して行われた別の調査でも、2007年まで減り続けていた。今も減り続けている可能性は高い。また、子どもたちの基礎代謝量が低下傾向にあるとの報告もある。

ますます、子どもたちは、動かなくなり、筋力を落とし、身体の基本的な機能である血圧調節能力までも低下させている可能性が高い。低体温の子が増えていることは以前から指摘されている。子どもたちの裸眼視力も落ちていると言われている。また、若者の食べる量が、十数年前に比べると、約3分の2に減ったという意見もある。

これらの報告から、恒温動物としての、あるいは哺乳動物としてのさまざまな能力を失いつつあるのではないかと危惧される。

物事を統合して把握できない

どうも、身体的な変化が進んでいることは確からしい。誰もが、外遊びをしなくなり、テレビゲームづけになっている子どもの姿を思い浮かべるだろう。

しかし、それよりも私がショックだった調査がある。

図表3と図表4を見ていただきたい。これらは、三沢直子氏が行った調査である。小学6年生の子どもたちに、一枚の紙に「家、木、人」を描いてほしいと指示したものである。

図表3が1981年の6年生、図表4が1997年の6年生が描いた代表的な絵である。三沢氏は、東京と長野の小学校を並行して調査し、都会と地方の違いはないことを確認している。

皆さんも驚くであろうが、1981年の子どもたちの絵は、物語性もあり、人間と自然とのかかわりがあり、家もしっかり描かれている。それに比べ、1997年の子どもの絵には、物語性も、自然との共生感もなく、全体のバランスもすごく悪くなっている。

三沢氏自身は、1997年の子どもの絵では、人間が記号化されていることから「対人感覚の希薄化」が、家がかすかにしか描かれないことから「存在感のない家」の問題が、そして、絵全体からは「現実感の喪失」が、変化のポイントとして読み取れると述べている。また、何よりも「統合性のなさ」が9歳のレベルにとどまっているとも言う。

一般に子どもたちは、10歳ごろから急速に大人の脳に変化しはじめる。そのため、以前は、6年生になる12歳ごろには、遠近法が使えるようになっていた。しかし、1997年の子どもにおいては、その能力が発達していない。これは、大変なことである。遠近法の能力が育って

図表3 1981年の小学6年生男子の絵

出所：三沢直子『殺意をえがく子どもたち―― 大人への警告』（学陽書房）

図表4 1997年の小学6年生男子の絵

出所：三沢直子『殺意をえがく子どもたち―― 大人への警告』（学陽書房）

いないということは、それと関連する統合能力が、9歳レベルにとどまっている可能性が高いからだ。遠近法や統合能力は、将来を見渡す時間感覚とも関連するであろうし、他者のさまざまな側面を多面的に認知できる能力にも関連するであろう。それらの能力が低下しているとは、時間感覚を失い、断片的に問題や他者を認知する可能性が高いということだ。すなわち、将来に何ら展望を持たないということだ。このことは、キレやすさにもつながるだろう。

1981年に6年生ということは、1970年代を子どもとして過ごしたことになり、1997年に6年生ということは1980年代後半以降を子どもとして過ごしたことになる。この時代以降の変化こそ、私はとても重要だと考えている。

私の持論であるが、基本的な性格・生き方（ライフスタイルと言ってもよい）は10歳ごろまでにある程度固まると考えている（この点は第五章で詳述する）。だから、三沢氏の報告は、1970年代前後に子ども時代を過ごした世代と、1980年代後半以降に子ども時代を過ごした世代で大きな違いが生じていることを意味する。

結局、新しい世代の学童期の子どもたちは、基本的な体力や身体機能を低下させ、より動かなくなり、精神的には、物事の把握の仕方が平面的・断片的になり、物語性や統合性を失いつつあるということだ。大変なことである。

あきらめ、流されて生きる
――思春期の若者たちの変化

多くの調査結果から見えてくる思春期像

子どもたちばかりではなく、思春期の若者たちが変わってきているという調査結果は膨大にあるが、私が大切だと思う報告について述べる。

まず、1993年から1995年にかけて、中学生・高校生を対象に国際比較した中里至正氏らのデータがある。このデータは変化そのものを調べているわけではないが、新しい世代の意識が把握でき、それにショックを受ける。

流されて生きている若者たち

図表5は、価値観に関する5項目について、「まったくそう思う」と答えた比率である。とくにショックなのは、最後の「将来のために努力する」という項目に対して、「まったくそう思う」と答えた若者が、わが国では、18・7%しかなく、調査した国の中で最低の値を示していることである。中国は55・7%、韓国は48・3%、トルコは54・4%であり、低いほうのア

図表5 若者の価値観に関する国際比較

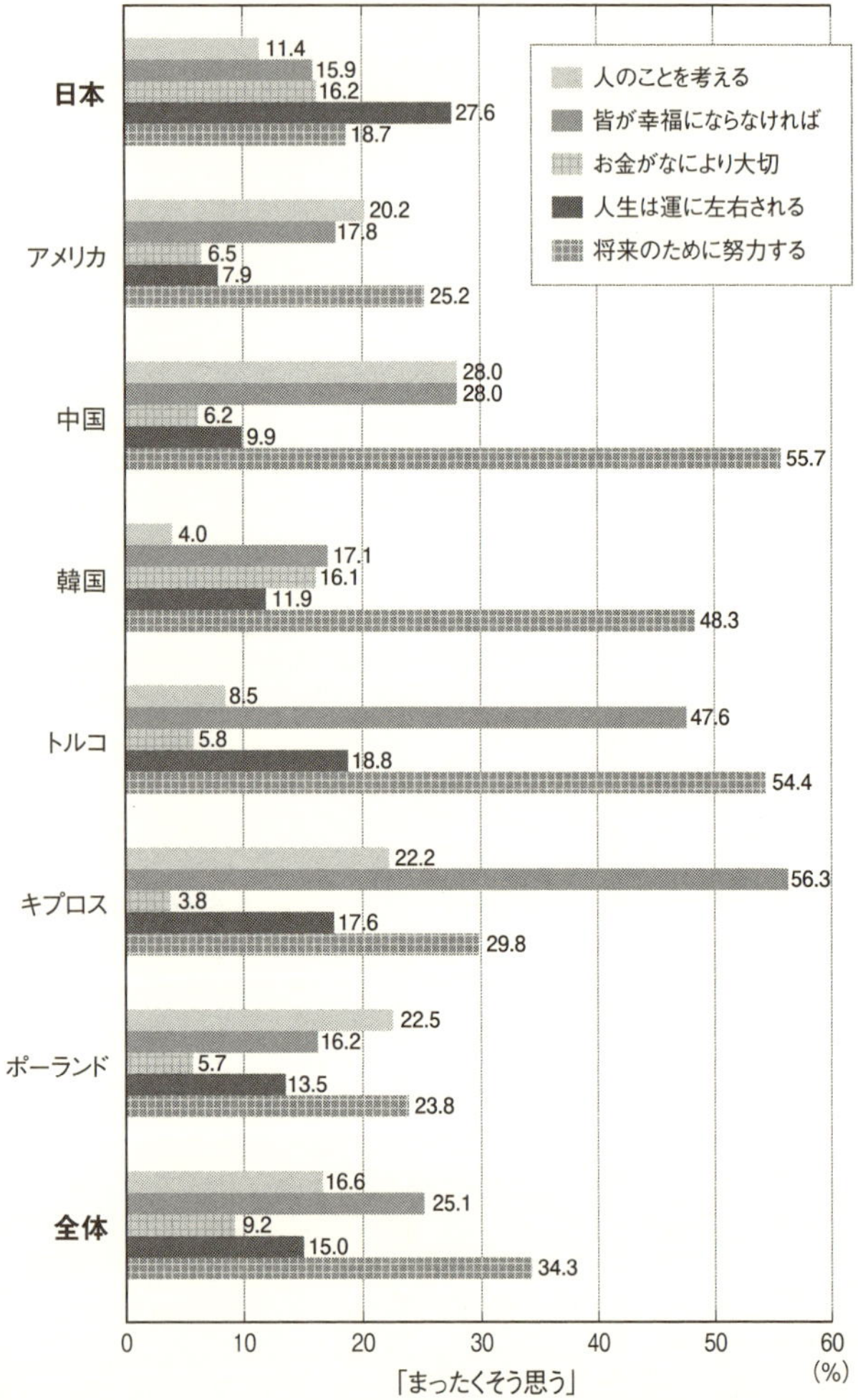

出所：中里至正・松井洋『日本の若者の弱点』（毎日新聞社）

メリカでも25・2％と、20％を超えている。

そして、いま一つ危惧されるのは、「人生は運に左右される」という項目に「まったくそう思う」と答えた若者の割合が、わが国がもっとも高かったという結果である。27・6％、約4分の1が、そのように考えていることになる。

つまり、わが国の新しい世代の若者は、諸外国の若者に比べて、将来に対して努力しようとしない傾向があり、人生は運に左右されるものと考える傾向が強いということだ。皆さんは危惧されないだろうか。体力も低下し動かなくなるとともに、将来に向けて努力せず、運任せで生きている若者の割合はわが国がもっとも高いのだ。見方を変えれば、受け身的に生き、あきらめ、流されている若者が多い可能性を示しているとも言えよう。

世の中の規範の希薄化

図表6を見ていただきたい。やはり中里氏らの報告である。この調査は時代による変化を取り上げている。彼らは、結論として、この図にあるように1989年から1998年の10年間で若者が決定的に変化したと述べている。この結果は、先ほどの三沢氏の調査とつながっている。今後、何度か出てくるが、1970年代周辺に子ども時代を過ごした世代と、1980年代半ば以降1990年前後に子ども時代を過ごした世代とで、大きく変化したと考えている。

図表6　若者の規範意識の変化

学校をサボる

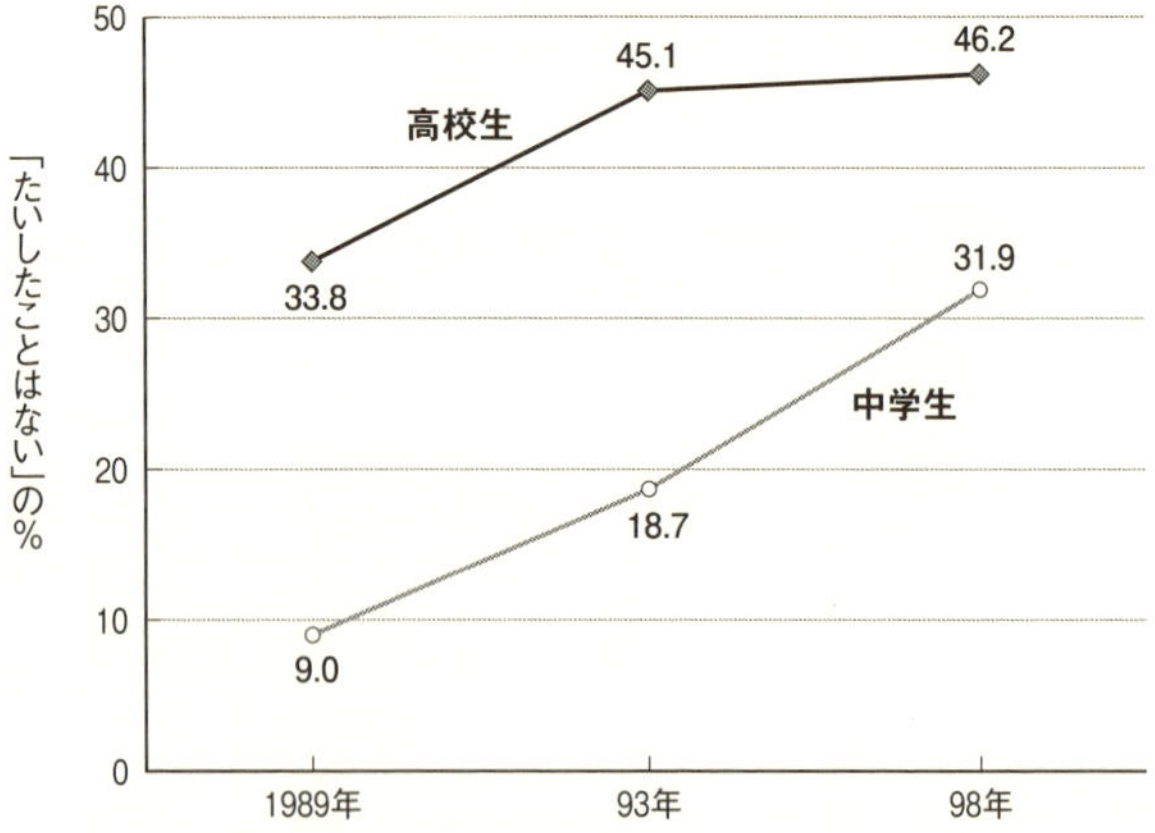

異性の友達と二人で泊まる

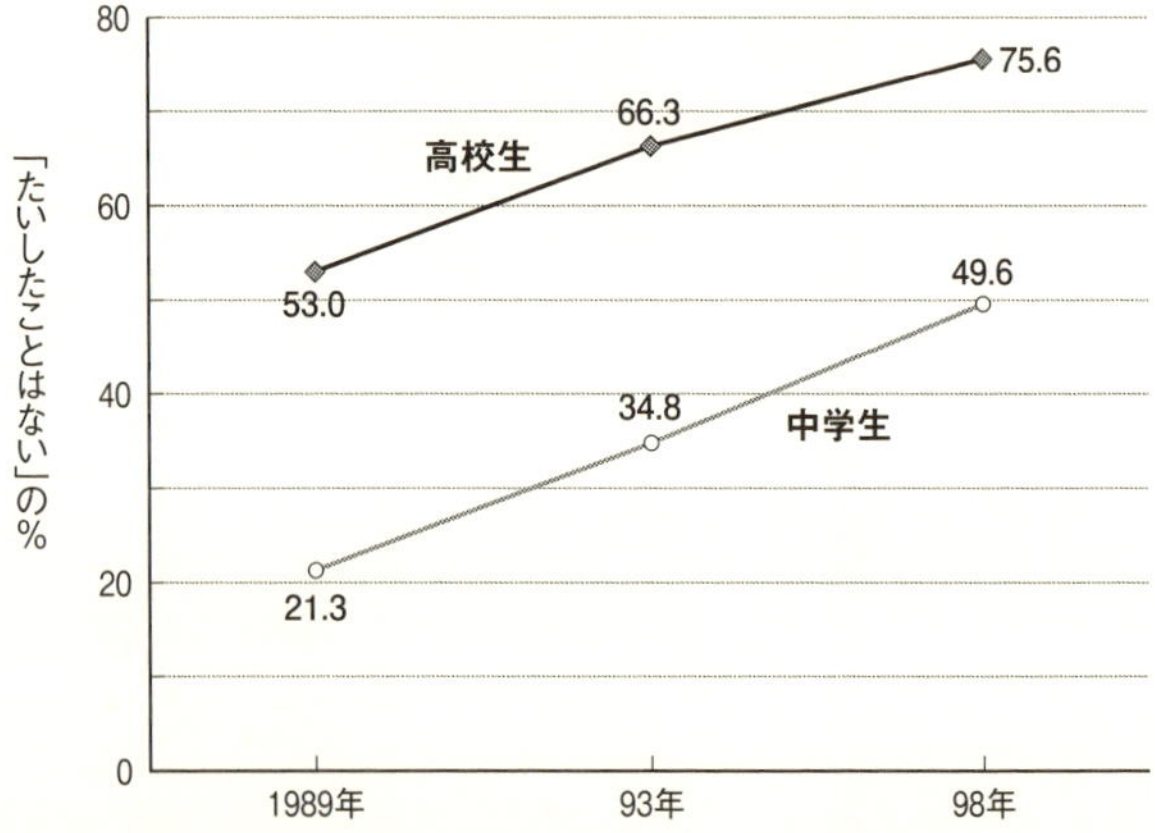

出所：中里至正・松井洋『日本の若者の弱点』（毎日新聞社）

この図からわかるように若者は、学校をサボることへの罪の意識が希薄になっている。そして、中学生でも、「異性と二人でお泊まりすることは、たいしたことではない」と答えるようになっている。この他にも、「親や先生の言うことを聞かないことも、たいしたことではない」と考えているし、たばこを吸う、酒を飲む、夜遅くまで遊ぶことなどに対しても、中学生でとくに規範意識が低下している。

基本的な規範が弱まるということは、社会の価値観そのものが根底から変化していることを意味しているだろう。

反抗期の減少――いつまでも親が大好き

多くの教育者や臨床家の印象として、思春期の第二反抗期が見られなくなっているという。私もそのように思っている。ただ、いろいろ調べたが反抗期を年代別に調べた信頼に足る調査報告はない。ただし、その反対の傾向と言えようか、家族との関係・親との関係に対する満足度が、思春期において年々増しているというさまざまな調査結果がある。

ベネッセ教育研究開発センターが中学生を対象に2004年に行った調査によれば、7〜8割の生徒が、親との関係は良好だと答えている。また、もっとも反抗的な若者とも思われる、かつての「ツッパリ」にあたるマイルドヤンキーの生活ぶりを描いた原田曜平氏の調査によれば、彼らも「反抗期がなかった」と答えることが多かったとのことである。しかも、彼らは親との同居にも抵抗がないと述べている。

また、私の大学院の12名の学生に聞いたところ、10名が反抗期がなかったと答えた。あったと答えた2名も、その実態は、親の話し方が何となく気に入らなかったとか、帰りが遅くなった時に自分の居場所をメールするように言われたのがウザかった、といったささやかなものであった。これらのことからも、反抗期が減っているのは確実だと思われる。

満足度以外にも、「親との関係は友人のようだ」「親は大人扱いをしてくれる」「親の考えを押し付ける傾向が減少している」「親は口出しをしなくなっている」「勉強も含め何かと手伝ってくれる」など、親との関係に対して、思春期の若者が良好と思っている傾向が年々高まっているという報告もある。親自体がやさしく、友人のようになってきている。つまり、そもそも反抗する必要がなくなっているということなのだ。

亡くなったタレントの飯島愛さんは、前の世代に相当する激しい反抗期を見せた人だ。親から、優等生になることを要請され、中学入学時までは良い子であり、親に認めてもらおうとがんばった。しかし、中学入学後、トップになれないために、親に認めてもらえない状況に追い込まれ苦しんだ。そのうち、勉強しなくなり、ボーイフレンドと付き合うようになり、家を空けるようになり、無断外泊をしたり、新宿の歌舞伎町に出入りしたりするようになる。家から離れていくプロセスでの行動は、親から見れば反抗そのものであったろう。実際、久しぶりに家に帰ると、父親に叱責されて殴られることもあった。それでも態度は変えなかった。

親に認めてもらえない、学校などでも認めてもらえないと、若者は認めてくれる世界に入っていこうとするが、その世界が非行的な色彩を持っていると、親や社会からは反抗となる。

女子だと、性的に求められ歓迎され、徐々に外泊するようになり家に近づかなくなる。男子だと、力を誇示したり、反社会的な行為ができることで、仲間に認められ、自分の居場所を確保する。このような行動にはエネルギーがいるが、激情的な反抗期は、非行の消滅とともに消えつつある（非行については後ほど述べる）。飯島愛さんは1972年生まれ、つまり、1970年代に子ども時代を過ごした世代である。この世代には激しい反抗期があった。

現代の若者は反抗期がないばかりか、親のことがとても好きでもあるようだ。たとえば、2013年の製菓会社による調査によれば、バレンタインのチョコを、「好きな異性」にプレゼントするのは38％にとどまるにもかかわらず、「父親」にプレゼントするのは44％にも及んでいた。ちなみに同性の「女友達」に贈るのは69％で、何よりもまず同性の友達を大切にしている様子がうかがえ、次は彼氏より父親なのだ。

私の指導する大学院生の調査でも、「家族」「友達」「恋人」で大切な順番を聞いたところ、「家族」が一番と答えた者が9名、「恋人」が一番と答えた者が2名、「友人」を一番と答えた者が1名であった。ここでもやはり、恋人よりも友人よりも家族が一番である。

ある年の慶應大の入学式には、6656人の新入生に対して8000人の保護者が参加したという報告もある。4割の男子が「母親とうまくやれる女性とでなければ結婚できない」と言っている調査もある。若い世代は親がとても好きなのだ。男女を問わず、大学生ぐらいの若者が、親と一緒に楽しそうに買い物をしている姿は、もう珍しいものではない。

買い物に行っても選べない、選びたくない

私は、スクールカウンセラーの研修会にも指導に行っているが、そこでよく話題になることがある。それは選べないということだ。

たとえば、ある中学生は、こんなことに悩んでいた。「量販店や、ホームセンターなど、品物が多種類用意されているところは、選べないから行きたくない」と。結局、コンビニですべてを済ませているという。

私も、スマホやパソコンを買い替えようとして量販店に行くと、あまりの種類の多さに戸惑いを感ずる。こちらに選ぶだけの知識や意欲がないと、品物を前にして圧倒される。結局、店員の言うことを参考に買うことになるが、自分が自分の欲求に合わせた実感がない。しかも、本当にこれでよかったのだろうかと不安も残る。

これが、進学する高校や大学などとなると、本当に困りはてるだろうと思われる。何でも選べそうなのだが、強い内発的な欲求に欠けると、戸惑うばかりであろう。欲求もなく、選ぶ力や知識がない時に、多くの選択肢を並べられるのは苦痛でしかない。

２０１１年に「ニューズウィーク」に掲載された有名な実験がある。ある程度、情報量が増えていくと、ある部位の脳活動（意思決定の部位と考えられている）は活発になるが、さらに情報量を増やしていくと、その脳活動が突然止まってしまったという報告である。

情報とは異なるが、快い刺激に対しても、量が多すぎると反応しなくなることが、幼児における実験でわかっている。幼児が喜ぶあやす行為をすると、途中までは喜ぶが、ある一定の頻度を超えると反応しなくなるという実験だ。

「情報疲労症候群」という言葉もある。過剰な情報を吸収し処理しようとすることによる心理的ストレスが、判断力の麻痺や記憶障害、自己に対する不確かさ、不安、抑うつ状態などの症状となって現れることを意味する。

いまや、ものばかりでなく情報も溢れている。お稽古事一つとっても、よりどりみどりで何でもある。しかも、同じようなものがいくつもある。結果、若者たちは自分では選びきれず、親や大人の用意したシステムに仕方なく頼ることになる。そして、システムに身を任すことに慣れていく。

そこにもはや、自己選択はない。あるものから、とりあえず良さそうなものを選ぶが、それが特別に良いものとも思っていない。選ぶこと・手にすることに伴う喜びが鈍くなるどころか、逆に選ぶことに疲れてしまう。

思い付き・遊び感覚の犯罪の増加

土井隆義氏によれば、1998年の「犯罪白書」おいて、「多数による犯罪は増えているものの、仲間同士のきずなは弱まっている」という指摘があるという。忠誠心を要請するような構造化された集団はもはや存在せず、たまたま偶然に居合わせたり、携帯電話で呼び出した仲間と一時的に盛り上がっただけで、その雰囲気に逆らうこともできず、その場限りの浮ついた気分が重大犯罪へと発展しているという。友達から誘われ、断れなくて犯罪に手を貸す少年も少なくないという。断れないのだ。

仲間の中で強固に鍛え上げられた非行少年が見当たらなくなり、暴力団は、後継者がいないことに頭を抱えているとも言われている。

代わって増えたのが、「いきなり型」「暴発型」の犯罪である。ちょっとした人間関係の障害に接しただけで、あたかも癇癪《かんしやく》玉のように暴発してしまう犯罪を意味する。

1998年の黒磯市の女性英語教師殺人事件がそうだった。些細《ささい》な注意を受け、バタフライナイフを見せつけてもひるまぬ教師にイラだち、突然メッタ刺しにした中学1年生の男子が起こした事件である。また、学校へ行かなくてよくなると短絡的に考えて、兄弟で見知らぬ女性の腰を刺した中学生も逮捕されている。

土井氏は、以下のように述べている。「近年の暴発的な少年犯罪は、少年たちに対して社会が抑圧的だから起きているのではなく、むしろ社会が抑圧性を失ってきたからこそ起きている」と(『〈非行少年〉の消滅』)。

さらに最近は、「思い付き型」「遊び感覚型」の犯罪になりつつあると私は感じている。たとえば、2015年2月に起きた、川崎の13歳の少年が仲間に殺された事件。まず、殺すほどの明確な動機が見当たらない。せいぜい、若者に見られるグループ内での行き違い程度である。そして、殺害の手口も、裸にして泳がせたりするなど、いじめの延長線上での殺人である。どこか遊び感覚が伴っている。

共犯とされた二人の少年も、何となくずるずると、主犯格の少年に引きずられた様子がうかがわれる。犯行後も逃げず、捕まったあとも、主犯格の少年は「何も言いたくありません」と容疑を否認。共犯とされた少年たちも、「近くにいただけ」「殺した覚えもない」などと、その場限りのいい加減な供述をしていた。自分がしてしまったことの深刻さを、まったく感じ取れていないようであった。

また、土井氏が引用しているある家庭裁判所の調査官の言葉は、今の若者の特徴をきわめて見事に映し出している。

凶悪だと新聞で騒がれた事件を起こした子なんですが、鑑別所であってみると全然しゃべらない。しゃべりたくないというんじゃなくて、しゃべれないんですね。とにかく、自分からは何も話さなくて、何を尋ねてもウン、ウンというような反応しかしない。(中略)とにかく、自分の部屋の自分の世界だけで生きていて、幼い子のようにあれがほしいこれがほしいと思い、手に入れようとしたということです。ひどく言葉が貧しいし使えないから、人はもちろん、自分の気持ちも良くわからない。当然、自分がやったことが何かということ、世の中から見てどうかなんていうことは全然考えていない。考えられないんです。本当に信じられないくらい未熟なんですよ。全部がそうじゃないんでしょうが、やったことは凶悪で強盗殺人未遂なんて怖い罪名がついていますが、本人はそんな子なんですよ。

この「言葉がない」という点は、次章で述べる臨床に見られる若者の特徴として私が痛感している「物語の喪失」につながる。

最近の若者の犯罪としては、秋葉原の無差別殺傷事件などのように、自分の存在価値を確認するような、言い方を変えれば、自己愛を満たすような犯罪も時々見られる。自分勝手で、無差別に攻撃性を向ける傾向だ。個人的な物語性のある犯罪ではない。松本清張の書いたような物語性がなくなっている。

言われたことはまじめにやる
――青年期の変化

学生たちとの驚くべき経験

大学生や若い社会人なども、主体性の低下、規範の緩み、将来への展望などが失われ、流れるように生きている様子がうかがわれる。

プロローグで述べたゼミでのエピソードのように、大学生を中心とした若い世代が、気が利かずグズであり、指示待ち傾向を強めていることは間違いない。そして、自分からは動けないが、言われたことにはまじめに素直に従う学生が多い。たしかに、学生たちの自主的な動きは鈍くなっていると感ずる。しかも、自分のペース以外の動きができない。頑固というよりも、ワンパターンなのだ。

修士論文のテーマの話し合いにおいてもショックなことがあった。学生には自分の希望するテーマを相談に来て、指導教授の承認を得るという手続きが必要になる。ある学生のテーマについて、データのとり方などに問題があるので、いろいろ変更すべきであるというような指導をした。ある程度、わかったかなと思って、次回の相談に臨むと、まったく、同じ内容の話をする。前回の話し合いは何だったのかと不思議に思う。何か、モノローグをしていて、私の話は入っていないようにも思う。頑固に自分を主張しているわけではない。他者の意見や状況で、変更するということが苦手な様子なのだ。

また、自分から動けないという様子をうかがわせるエピソードは他にもある。私のクリニックに実習に来ていた学生数名が、暮れの大掃除を手伝ってくれた時のことである。ある女子学生に、エレベーターホールを掃除してほしいと言って雑巾をわたした。その後、30分ほど、私は別の場所の掃除をしていたが、一段落したので、もう終わっているかと思い、彼女を見に行った。すると、彼女は涙をためて壁を拭いていた。そんなキツい仕事を頼んだわけではないというより、他の仕事よりも簡単にできる仕事を割り当てたつもりであった。

「どうしたの」と聞くと、「何をすればよいかわからないんです」と答えた。私は、最初、その意味がわからなかった。しかし、その様子から、彼女は、エレベーターホールを、どのように掃除をすればよいかがわからない、ということらしいとわかった。

「どこからでもいいんだよ」と私が言うと、「それが困るんです」と言う。「どこから、どのようにきれいにすればよいかがわからないんです」と泣いている。エレベーターホールだから、四方の壁と床を拭けばよいのは一目見ればわかると私は思っていた。それが彼女には通用しなかったようだ。

彼女の友達関係は良好で人気者である。その場その場の、軽いノリの付き合いは得意のようでもあった。決して発達障害でもない。しかし、このような簡単な作業のプラニングもできないようであった。

また、廊下などで、たむろしている学生とすれ違う時に、相手もよけるだろうと思って通ろうとするとぶつかるようになった。まったく、よけない子がいる。人とぶつかることが多くなったと、作家の中島梓氏も『コミュニケーション不全症候群』という本で触れていた。この本は1995年の出版である。ぶつかりやすくなったのは、適度に相手に合わせて必要な調整をする力が落ちていることをうかがわせるものだ。

しかし、彼らは、言われたことは、驚くほどよくやる。ある学生が、発達障害の子を担当していた。この発達障害の子の世話をするのが彼の仕事である。電車が好きな子どもの世話をしているうちに、私が主宰するフリースペース（渋谷にある）から二人が消えていた。外出は自由なので、それは問題ないのだが、スペースの終了時間になっても帰ってこない。こちらから彼の携帯に電話すると、宇都宮の駅にいるという。理由を聞くと担当している子が、これまで乗ったことのない電車に乗りたいと言うので、いつのまにか、ここまで来てしまったという。

彼は、その子のしたいことにずっと寄り添っていた。やさしいというか、親切というか。しかし、見ようによっては、判断が悪いとも言える。どうも、子どもの求めるものを中断することがかわいそうだと思ったようだ。彼らは、言われたことをまじめにやり続ける。そして、勉強もまじめに取り組む子が多い。

齋藤孝氏の『若者の取扱説明書』は、最近の大学生の特徴をよく描き出している。本には以下のような記述がある。彼が大学での学生との付き合いから抱いた印象である。

昔は「積極的」で「いい加減」な学生が多かったのに対し、今は「消極的」で「真面目」な者が多い。(中略)

ひと昔前の世代なら、「得意なことにエネルギーを注いで、その他の部分はできるだけ手を抜こう」と考える学生も珍しくなかった。ところが今は、「言われたことをひととおり、最低ラインでやり過ごす」という発想が主流だ。

そして、若い世代は、「サボり世代」ではなく、出された宿題はきっちりやってくる傾向もあるという。

車は欲しくない、コスパには敏感

最近の若者は、ものを欲しがらない傾向があるようだ。

図表7は、2007年の20代の若者の消費動向を調査した結果である。2000年から2007年までの保有率は、ブランド品、アウトドア用品、車、エアコンなどが減少し、デジカメとパソコンと携帯電話などが増加している。要するに、自分のステイタスを誇示するようなものや、活動的なスポーツなどの道具を欲しがらなくなっていることがわかる。若者は、自分を誇示しなくなり、活動しなくなり、メディア機器以外、ものを欲しがらなくなっているようだ。

とはいえ、マーケティング調査によれば、若者はものにまったく無関心なわけでなく、コスパ（コストパフォーマンス）にはとても敏感で、多くのものは安いもので済ませ、自分の好きなものは貯金しても高額なものを買う傾向があるという。

一世代前の若者と比較すると、自動車、高級ブランド品、お金のかかる付き合いへの支出が減り、快い生活や、通信費などの支出は増えているという。20代の男女に聞いた調査で2000年と2007年を比較すると、「車を持っていないがぜひ欲しい」の割合は48％から25％に減っていた。

図表7　20代の保有率の変化

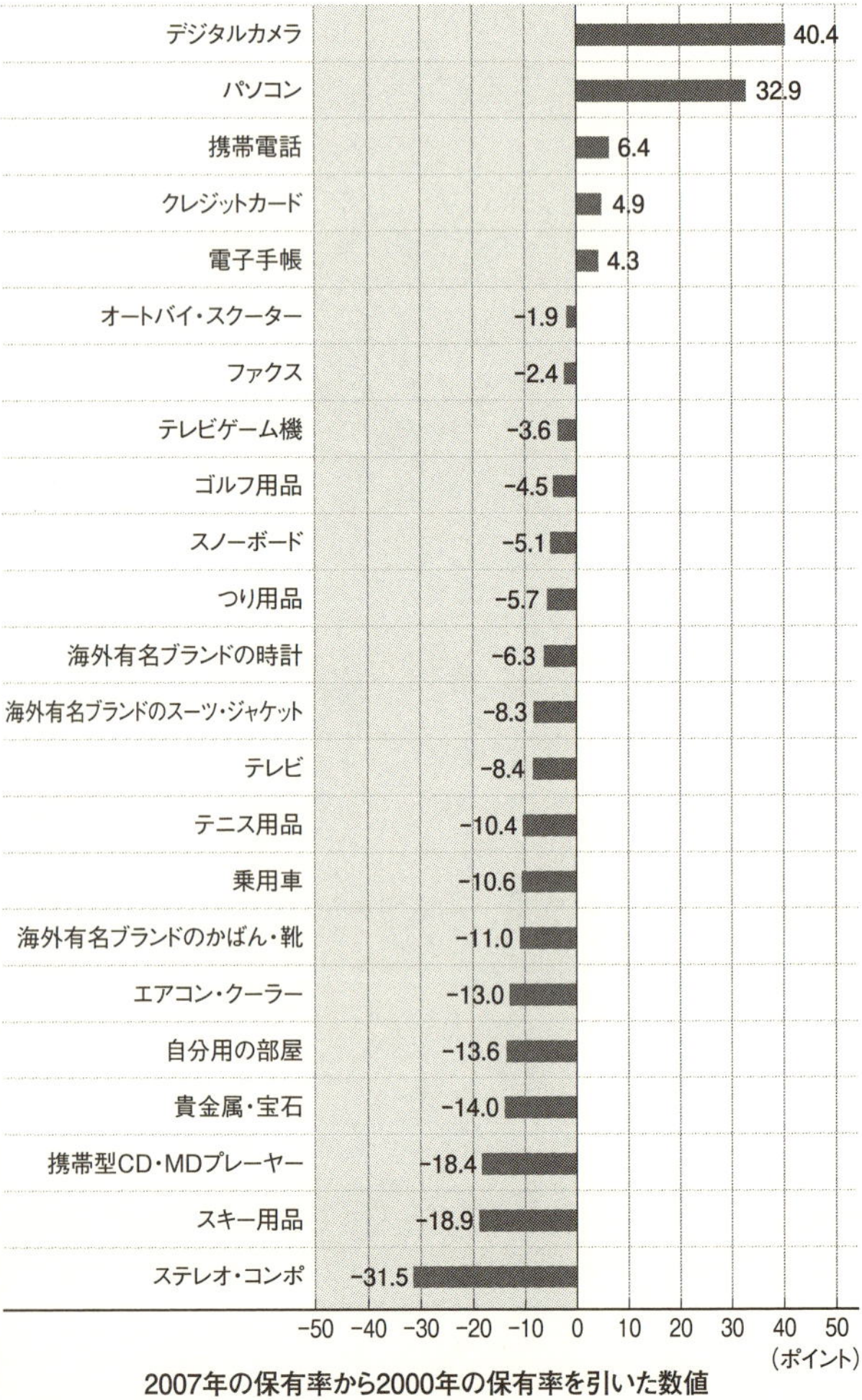

2007年の保有率から2000年の保有率を引いた数値

出所：日本経済新聞社産業地域研究所『20代若者の消費異変――調査研究報告書2008年1月』

図表8「できちゃった婚」による出産の年齢別構成

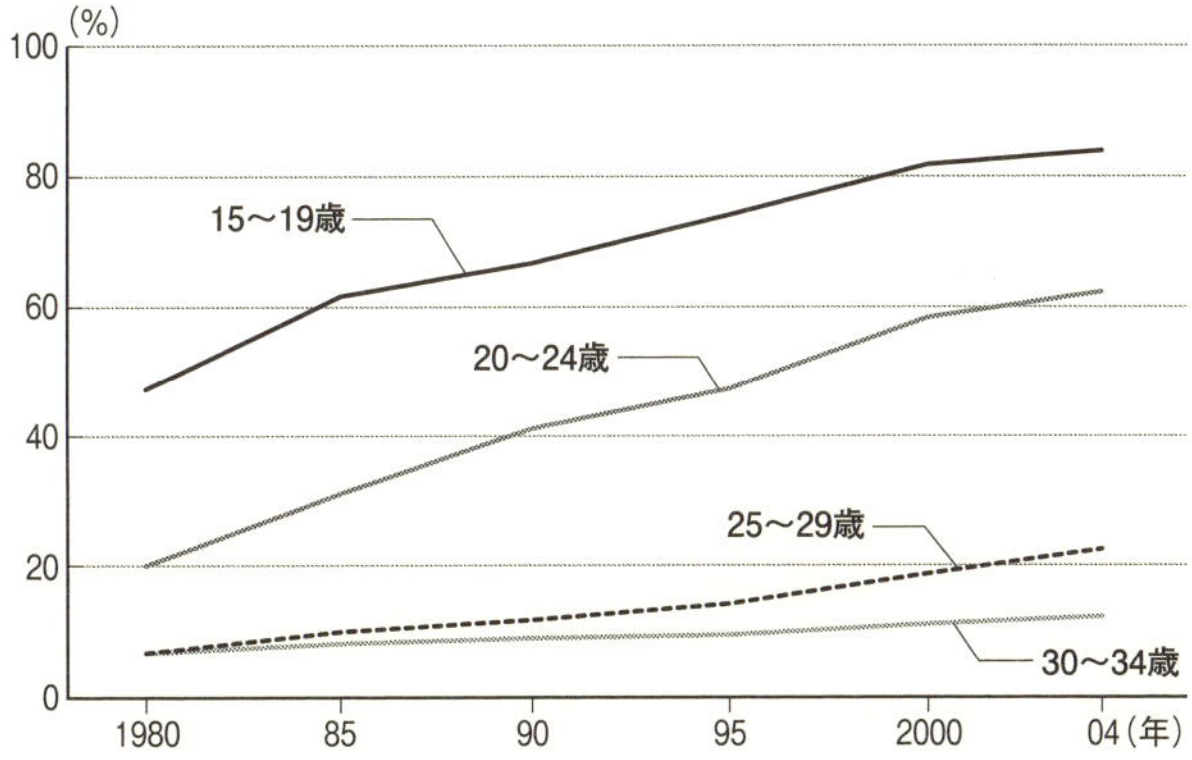

*厚生労働省「人口動態統計」をもとに作成

出所:山田昌弘『少子社会日本――もうひとつの格差のゆくえ』(岩波新書)

ここからも、自分を誇示したり、豪華さを求めたり、アウトドア・ライフを楽しむ志向性が弱まっていることがわかる。旅行も近場で手軽なのが流行とのことである。そう言えば、先日、用事で熱海に行ったが、たくさんの若者が目抜き通りを歩いていた。私の年代の者にとっては、熱海と言えば、サラリーマンが社員旅行で行くところで、そこで多くの若者を見かけるとは、しばらく前なら考えられないことだった。

図表8は、「できちゃった婚」の年齢別の時代推移である。見ればわかるように若年者ほど急速に「できちゃった婚」による出産が増えている。一昔前であれば、10代で未婚で妊娠したら大変なことであった。多くの場合、中絶を余儀なくされたであろう。しかし、今

は「できちゃった婚」による出産のほうが圧倒的多数になっている。２００４年では、15歳から19歳において、ほぼ80％が「できちゃった婚」による出産である。悪く言えば、避妊もせず、プランも立てずにどんどんセックスをしていることになる。

しかも、「できちゃった婚」と若年失業率は相関すると言われている。子どもだけ生まれて、仕事がない若者が増えているということだ。この経済的に不安定で、しかも10代後半の親が、未熟なままに子どもを持つことが、育児放棄や虐待につながることは誰にも想像がつく。

将来は不安だけれど現在には満足

『絶望の国の幸福な若者たち』を著した古市憲寿氏によれば、現代の20代の若者は、不安を抱きつつ、しかし、一方で生活の満足度は、もっとも高い傾向があるという。

図表9は、「国民生活に関する世論調査」の結果である。20代の若者に対して「日頃の生活のなかで、悩みや不安を感じているか」という質問に対して「ある」「ない」と答えた比率の年次推移である。あきらかに、１９９６年ごろを境に、「ある」が増え、「ない」が減少し、その傾向は強まるばかりである。

しかし、別の調査で、２０１０年の時点で70・55％の20代の若者が「現在の生活に満足している」と答えているという。しかも、30代以上の他の世代よりも高い。また、同じ20代で比

図表9　20代の不安度の推移

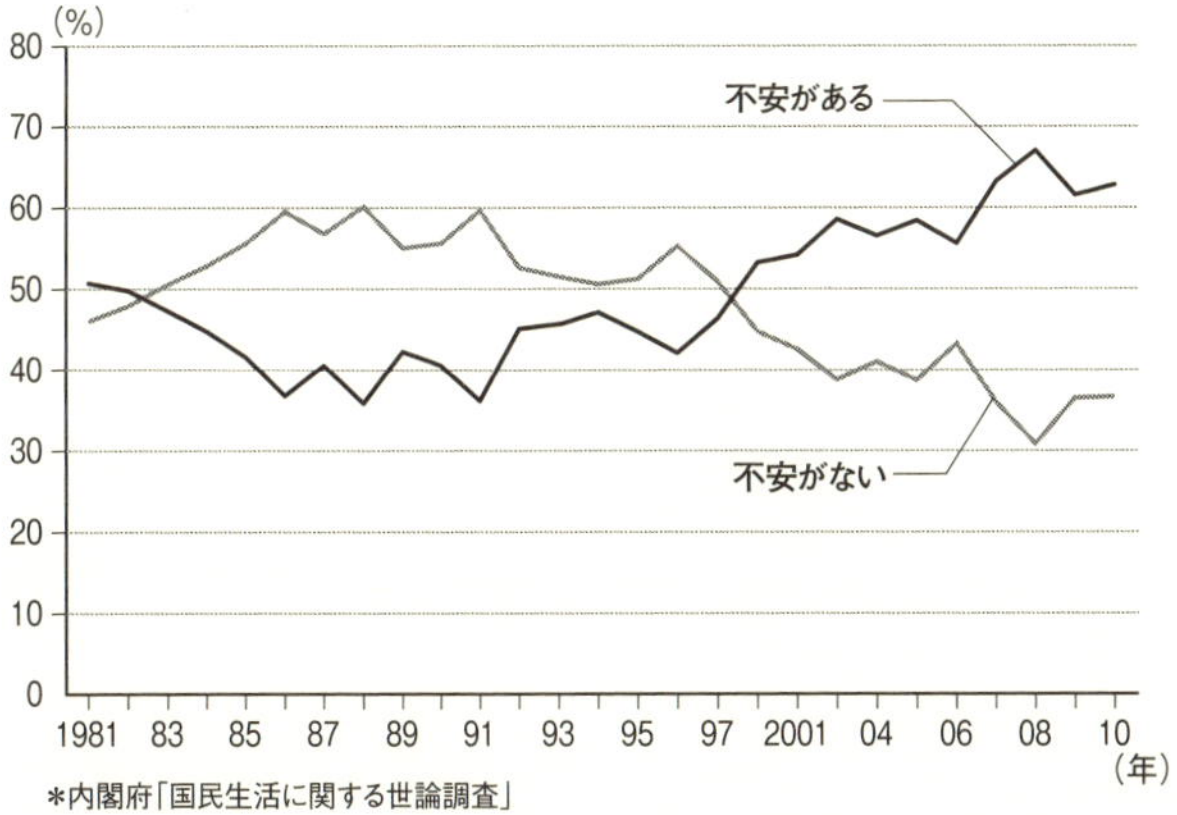

＊内閣府「国民生活に関する世論調査」

出所：古市憲寿『絶望の国の幸福な若者たち』（講談社）

べると1970年代には「満足している」割合は50％程度まで下がるという。つまり、現代の20代が一番満足度が高いのだ。

　このデータからは、現代の若者が不安を抱きながらも、生活に満足している心理状態にあることが推測される。

　しかも、古市氏はこうも指摘している。「今日よりも明日のほうが良い生活にならない」と考える時に満足度は高まると。つまり、現代の若者の満足度が高いということは、これから良くなりそうもない生活の中で生きているということである。先ほど触れた、「将来に向けて努力しない思春期の若者」の延長線上にある現象だろう。

　また、図表10は日本生産性本部が新入社員に行っている調査の結果である。「今の会社

図表10 「今の会社に一生勤めようと思っている」とする回答

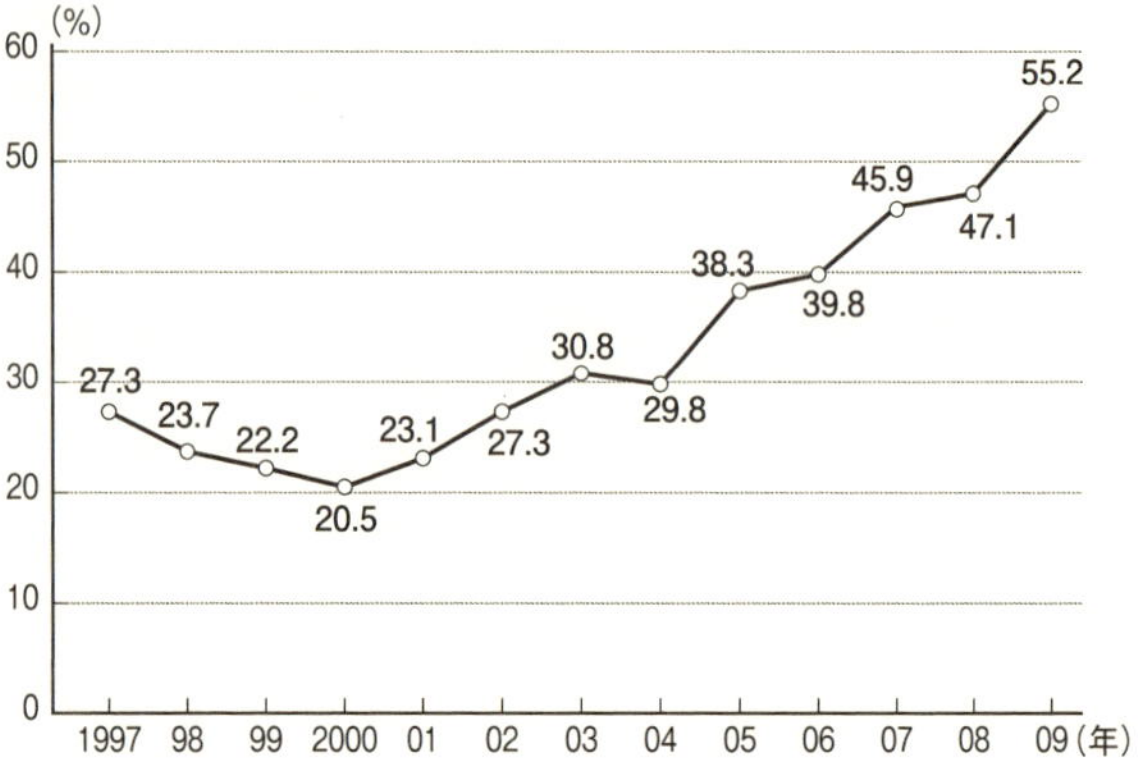

出所：財団法人日本生産性本部「第20回2009年度新入社員意識調査」

に一生勤めようと思っている」と考えている新入社員の比率は増加していき、２００９年には、とうとう50％を超えてしまった。「社内で出世するより自分で起業して独立したい」と答えたものは、過去最低で14・１％であった。この質問項目が取り入れられた２００３年では31・５％であったことを考えれば、激減である。若者たちは保守化し、動かなくなっているようだ。自主独立精神が低下していると言えよう。

親元から離れない、無理しない

図表11は、未婚率の推移である。未婚率は、２００５年には、極限にまで来て高止まりしはじめている。未婚者の90％は「いずれするつもり」と答え、その半数は「ある程度の年

図表11　年齢別未婚率の推移

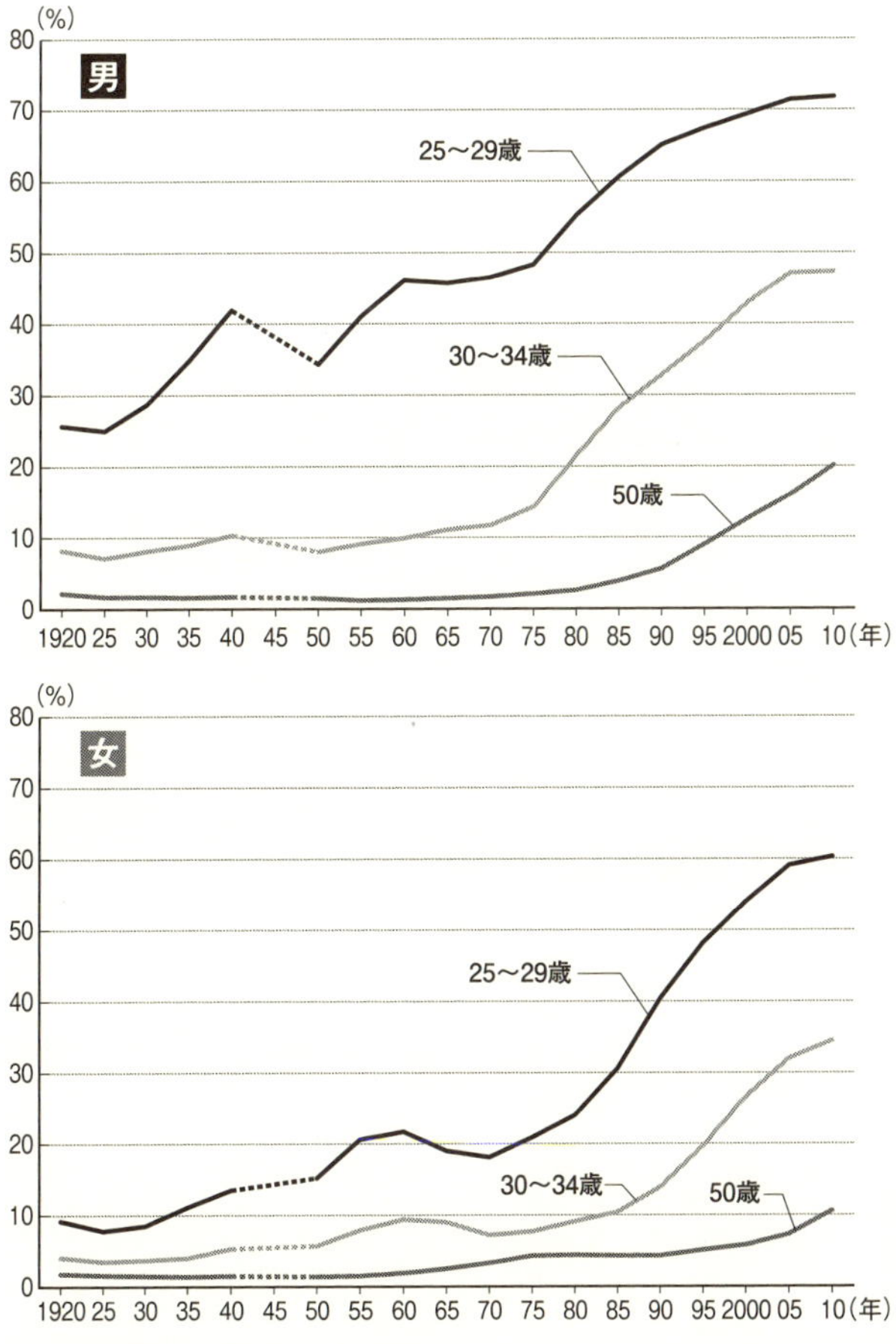

(注)配偶関係未詳を除く人口に占める構成比。50歳時の未婚率は「生涯未婚率」と呼ばれる(45〜49歳と50〜54歳未婚率の平均値)。

＊国勢調査(2005年以前は「日本の長期統計系列」に掲載)をもとに作成

出所：社会実情データ図録

齢までに結婚する」と答え、残りの半数は「理想の相手が見つかるまではしない」と答えている。

私の周りには、心理カウンセラーやパラメディカルの仕事についている方が多いせいか、独身の女性が多い。仕事もあり、時には、親と同居しているから家もあり、無理してまで結婚する必要はないようだ。気に入らなければ、動かないという気持ちのようである。

また、未婚率の増加に連動するように、20代、30代の未婚者で、親と同居している者が増え続けている。社会学者の山田昌弘氏が「パラサイト・シングル」として報告した現象である。親との関係性が悪いために同居しない者もいるであろうから、親子関係の良い場合は、7〜8割が同居しているのかもしれない。

野村総合研究所の提唱している「インビジブル・ファミリー」も、若者が家族のもとから離れなくなっている現象の一つと言えよう。「インビジブル・ファミリー」とは、直訳すれば「見えない家族」である。親と子の世帯が歩いて行ける距離に住むのを「隣居」、交通手段を使って片道30分以内に住むのを「近居」と呼び、この「隣居」「近居」といった形態で緩やかにつながりながら、経済的・精神的に支え合うような家族の形をいう。

「インビジブル・ファミリー」は、1997年の調査開始から増加してきたが、2012年ごろから頭打ちになっているともいう。

ひきこもりの若者も、パラサイト・シングルも、インビジブル・ファミリーも、若者が親元を離れなくなっている傾向を示していると思われる。先ほど述べたマイルドヤンキーも地元を離れたがらないという。

少なくとも、何としても嫁ぐとか、自立して一家を構えるという方向性が弱まっていることは確かである。若者は、身近なところから動かなくなっている可能性が高い。

群れになれない世代
——学童期から青年期まで一貫している変化

グループ活動が成り立たない

子どもから若者まで、大きく変わりつつあるのは確かなようだ。その一つの要因は、誰もが想像するように、群れなくなったことだと考えている。

図表12を見ていただきたい。一世帯における人数は、1955年ごろから、最大多数であった6人以上の世帯が急速に減少し、核家族が急増した。1965年から1990年ごろまでは、4人世帯が最大多数を占めていた。つまり、この時代は、核家族と夢のマイホームの時代であったと言えよう。しかし、1980年ごろから、この4人世帯は減少しはじめ、核家族神話そ

図表12　世帯人員別に見た世帯数の構成割合の年次推移

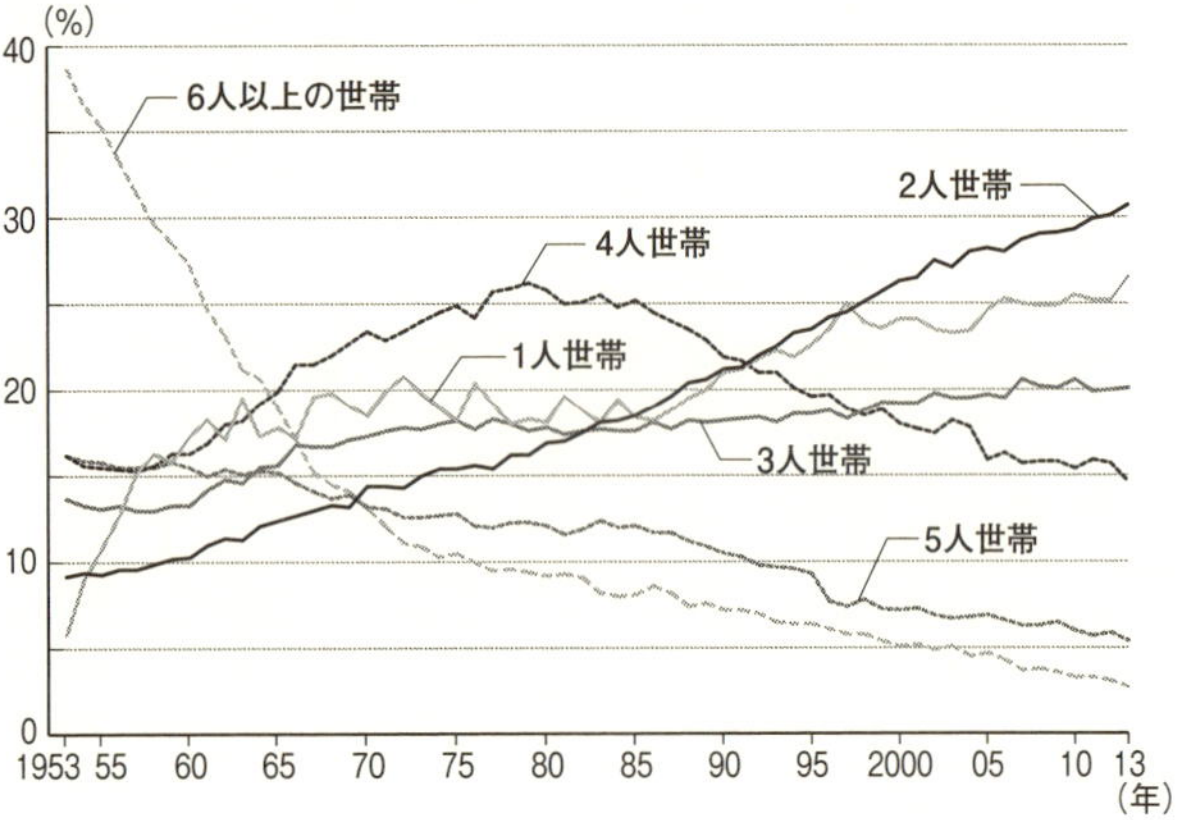

出所：厚生労働省『グラフでみる世帯の状況 平成26年』

のものが崩壊していき、１９９０年代には、とうとう、１人世帯・２人世帯・３人世帯が４人世帯を逆転してしまった。理想とされた家族形態が失われ、多様化していったとも言えよう。

３人までの世帯が増えたということは、家族としては、一人っ子、あるいは、一人親の世帯が増えたことを意味する。家族メンバーの減少は、当然、家庭の中で、きょうだい同士が群れる機会をなくしていった。そして、すでに多くの研究者が触れているように、近所の子どもたちが群れて遊ぶ姿も消えてしまった。そして、学童期は、塾やお稽古事という大人の用意したシステムで過ごすか、テレビゲームなど一人遊びの世界のみになってしまった。子どもの世界から、自然な環境で群れる体験が失われていった。

ある児童思春期病棟の責任者をしている友人に聞くと、やはり、最近の学童期・思春期の子どもたちは、群れなくなっているという。以前であれば、入院すると、すぐに仲間集団となって、時に、病院のスタッフに反抗するという動きも見られたが、最近は、入院したあとも（一緒に生活をしていても）、それぞれがバラバラに過ごすばかりで、群れが形成されないという。スタッフへの反抗も影を潜めているという。

1960年代から70年代にかけて高揚した学生運動も消えていった。高校生が学校に反抗する校内暴力も、かつては、集団で群れ化して教師に対抗することが多かった。1970年代後半から1980年代前半が校内暴力のピークであり、それ以降、そのような群れで反抗することはなくなっている。非行グループも消えた。あきらかに群れがわが国から消えていった。

私は、若者のグループワークも治療に取り入れてきたが、やはり十数年前に比べると、自分から動く力が落ちていると感じている。言われたことは淡々とこなすが、自発的な発言や動きはほとんど見られない。また、自分から動けないばかりか、群れることが苦手なようだ。一緒にはいるが、群れ独特のエネルギーが生まれない。

そのため、せっかくグループワークをしていても、グループで活動する意味がほとんどないと感ずる。たとえば、エンカウンターグループという、3～5日、十数名を集めて、集中的にさまざまな体験をさせるプログラムがある。十数年前は、このプログラムに参加すると、最終日には、感極まって、泣き崩れる若者が多かった。「子どもの時以来、初めて、心から本当に人と出会えた」「こんな正直な気持ちで人とかかわれたのは初めてだ」「無邪気に遊べたのも、真剣にかかわれたのも久しぶりだ」という発言が多かった。人が集団の中で、一体感を抱くとこんなにも感動するものかと思うことが多かった。

しかし、数年前から、このプログラムはやめている。心を動かす若者がほとんどいなくなってきたからだ。なぜかはわからない。子どものころに、無邪気に、自然な遊びの中で、伸びやかに、他者との一体感を体験していないと、集団における一体感は生まれないのかもしれない。そうであれば、子どものころ（たぶん学童期）に群れないと、群れることを楽しめなくなるのかもしれない。とにかく、群れないし、皆でいても、個々で動く子ども・若者ばかりになっている。先ほど触れた川崎の事件の少年グループも、本当の群れの仲間としての結束はなかったように思われる。

自分一人の小さな世界で

若い世代の変化をまとめてみると以下のようになる。

まず、自分から動くことが少なくなり、生理的な機能も弱まり、主体的に生きる力を弱め、さまざまな欲求も弱くなり、欲しいものを選ぶ力さえ低下しているようだ。これは、生物学的なエネルギーや能力が低下していることをうかがわせる。

また、語る力やコミュニケーション能力も低下し、群れることもなく、あるいは群れることを知らず、皆の中に潜み、じっとしているようだ。つまり、社会的な欲求も能力も低下していることをうかがわせる。

やさしい親に囲まれ、規範意識も希薄になり、自由になっているようでいて、閉塞感と不安を抱き、言われたことはこなすが、無理をせず、将来への努力もせず、保守化し、ますます、自分の小さな世界から、出なくなっているようだ。

要するに、動かず、無理せず、多くを望まず、心やさしく、不安を抱きつつ、日常を仕方なく生き、文句を言うこともなく、それなりに満足しながら、淡々とこぢんまりとした空間、乏しい関係性、身近な世界で生き続けている様子がうかがわれる。

第二章

精神科臨床30年の現場から

前章では、新たな世代の全般的な変化について述べた。本章では、私の専門である臨床における変化について述べたい。

人は、個人として悩み苦しむ。しかし、それは否応なく社会からの影響を受けている。とくに若者は、時代の影響を鋭敏にとらえる。子どもたち・若者たちを囲む環境の変化は、歴史上、類を見ない。悩み方が変わらないわけがない。

私は、精神科臨床に携わってから30年以上になる。しかも、思春期外来という専門外来を各大学病院で担当していたことから、思春期・青年期の悩める若者に出会う機会が、一般の精神科医よりはるかに多かった。その経験から、80年代以前の若者たちと90年代以降の若者たちの悩み方が大きく変わったと感じている。その点について述べたい。

間違いなく、若者たちの悩み方は変わってきている。

思春期・青年期の心の病の変容

図表13は、心の病のライフサイクルである。心の病には、それぞれに発症しやすい時期がある。この点は時代的な変化を受けていない。しかし、この図にある思春期・青年期に発症しや

図表13　心の病から見たライフサイクル

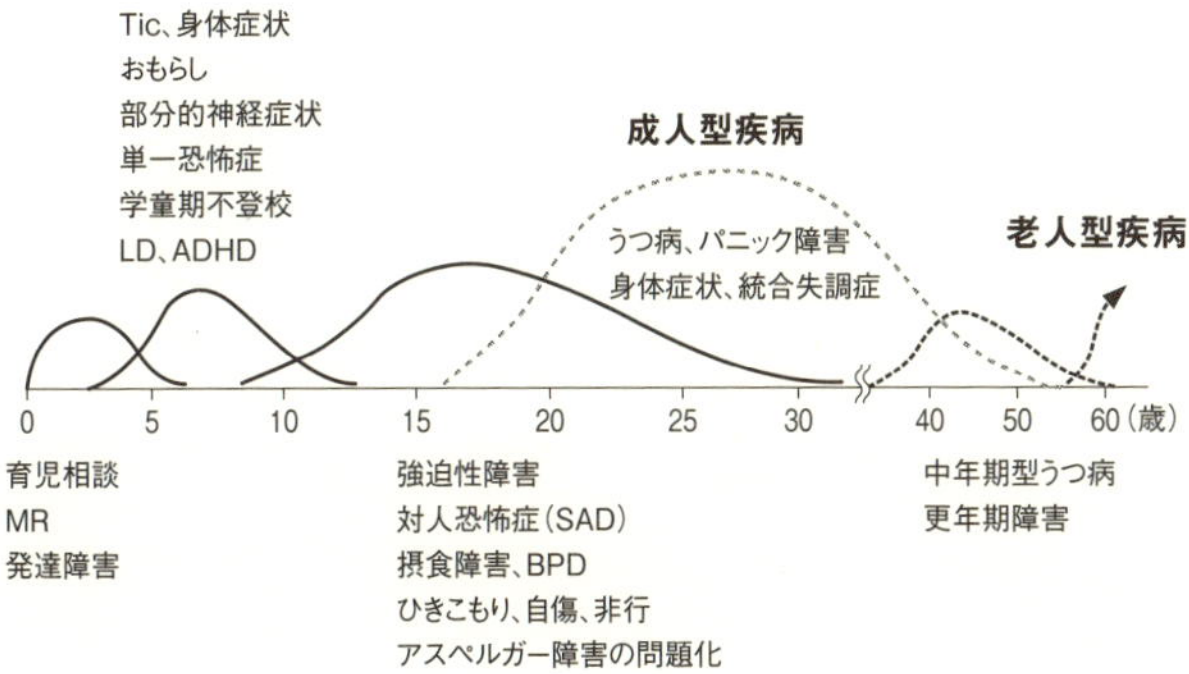

すいすべての疾患および問題行動において、近年、病像が大きく変化してきている。

古典的な神経症の対人恐怖症は軽症化

以下、思春期・青年期に多い疾患の確認されている時代的変化について述べる。

他者のいる場面で激しく緊張し、なるべく社交的な状況を避けようとする対人恐怖症は、思春期に急増する疾患である。

対人恐怖症は、戦前から青年期の問題として、諸外国に先んじてわが国で問題にされ、「恥の文化」に関連する特徴的な神経症とされていた。

興味深いことに70年代半ばごろまでの病像は、戦前のそれとほとんど変わることがなかった。この点を我我はカルテ調査から確認している。このことから、実は、70年代半ばごろまでは、戦前の文化や対人関係などが、あまり変わらない部分を残していたことが推測される。

対人恐怖症とはきわめて人間的な悩みである。他者と打ち解けたい、他者に快く受け入れてもらいたいと望んでいるがゆえに、そのように受け入れてもらえない自分(思い込みであるが)を嫌い、ダメな自分をさらけ出してしまう何か、あるいは、他者に不快を与える何かを打ち消そうとし、打ち消せないと悩む疾患である。

主な苦しみは、人前での緊張であるが、この打ち消したい「何か」にこだわることが多いため、赤面恐怖症(顔が赤くなるのを恐れる)、表情恐怖症(キツい表情を恐れる)、視線恐怖症(人の視線を恐れる)など、それぞれに病名がついていた。対人恐怖症関連の病名を挙げると20以上はあるだろう(拙著『対人恐怖・醜形恐怖――「他者を恐れ・自らを嫌悪する病い」の心理と病理』参照)。

有名人では、夏目漱石や三島由紀夫、そして、「爆笑問題」の太田光氏にもその傾向があったようだ。対人恐怖的な傾向を持つ有名人は多いし、一般にも、多くの方が抱く悩みでもある。

ところが、1980年代後半から、対人恐怖症の症状の軽症化が起きはじめた。少なくとも、赤面恐怖や表情恐怖のような身体をテーマとした悩みが希薄になっていった。そして、人前を避けるとか、人のいる場で緊張するのを恐れるという程度のケースが増えている。

それと連動しているかのように、1987年に「ふれあい恐怖」という、症状はほとんどなく、人との触れ合いを避ける若者がいることが報告されて話題になった。「ふれあい恐怖」の若者は、学校には休まず通い、単位などもまじめに取り続けるが、サークルには参加せず、プライベートの付き合いを一切しない若者のことである。

また、2000年ごろ、一人で食事している自分は、友達のいない人間だと思われることを恐れ、食事場面を避けたり、トイレで隠れて食事をする若者が話題となった。それは「ランチメイト症候群」と呼ばれた。この悩みも、症状の希薄な対人恐怖症類似の不安と言えよう。

摂食障害・BPD・不登校は70年代から増加

1970年ごろから増加した疾患に、摂食障害、境界性パーソナリティー障害、不登校・ひきこもりがある。

まず、摂食障害には、拒食症と過食症がある。拒食症の場合は「思春期やせ症」とも言われ、激やせしているのに、それでも食事を拒否し、時に死に至る病である。過食症は、何らかの理由で追い込まれた時に、むさぼるように食べ続ける状態である。拒食と過食を併せ持つケースも少なくない（拙著『摂食障害の最新治療』参照）。

また、同時代に急増したのが、あらゆる点で不安定な特徴を持つ境界性パーソナリティー障害（以後 Borderline Personality Disorder を略してBPDとする）である。その特徴は、些細なことで気分が動揺し不安定になりやすく、対人関係も不安定で、昨日まで仲良しであったのに、今日は極端に嫌悪するということが起きる。また、すぐに傷つき、見捨てられたと思い込みやすく、その苦しみのために、リストカットや睡眠薬などを過剰摂取したり自傷行為に走る。そして、何者か（治療者とか、恋人とか）に激しく依存するような行動を示すことが多い。マリリン・モンローや、歌手の尾崎豊氏や中森明菜さんがそうではないかと言われている。この摂食障害とＢＰＤは90％以上が女性に発症する。

不登校についても、中学生・小学生ともに、70年代から問題化しはじめ、急増しはじめたのは１９８０〜１９９０年代である。そして、２０００年代に入って、統計的には高止まりしている（図表14参照）。

この摂食障害、ＢＰＤ、不登校・ひきこもりが、思春期・青年期関連の学会では、80年代において、常に主要なテーマであった。症例数も、このころから、うなぎのぼりであった。

この三つの疾患の増加については、時代の変化と何らかの関連があることは間違いない。たとえば、摂食障害については、アメリカにおいても70〜80年代から増加し、その後、20年間で4倍に増えたとも言われている。わが国においても、１９９８年までは、増加の一途をたどっており、中でも、過食症の増加が著しいという結果が得られている。ただ、最近の信頼に足る疫学調査は見当たらない。

また、私の先輩にあたる摂食障害のエキスパートである高木洲一郎先生によれば、かなり前

図表14　学校長期欠席生徒の割合の推移（中学校）

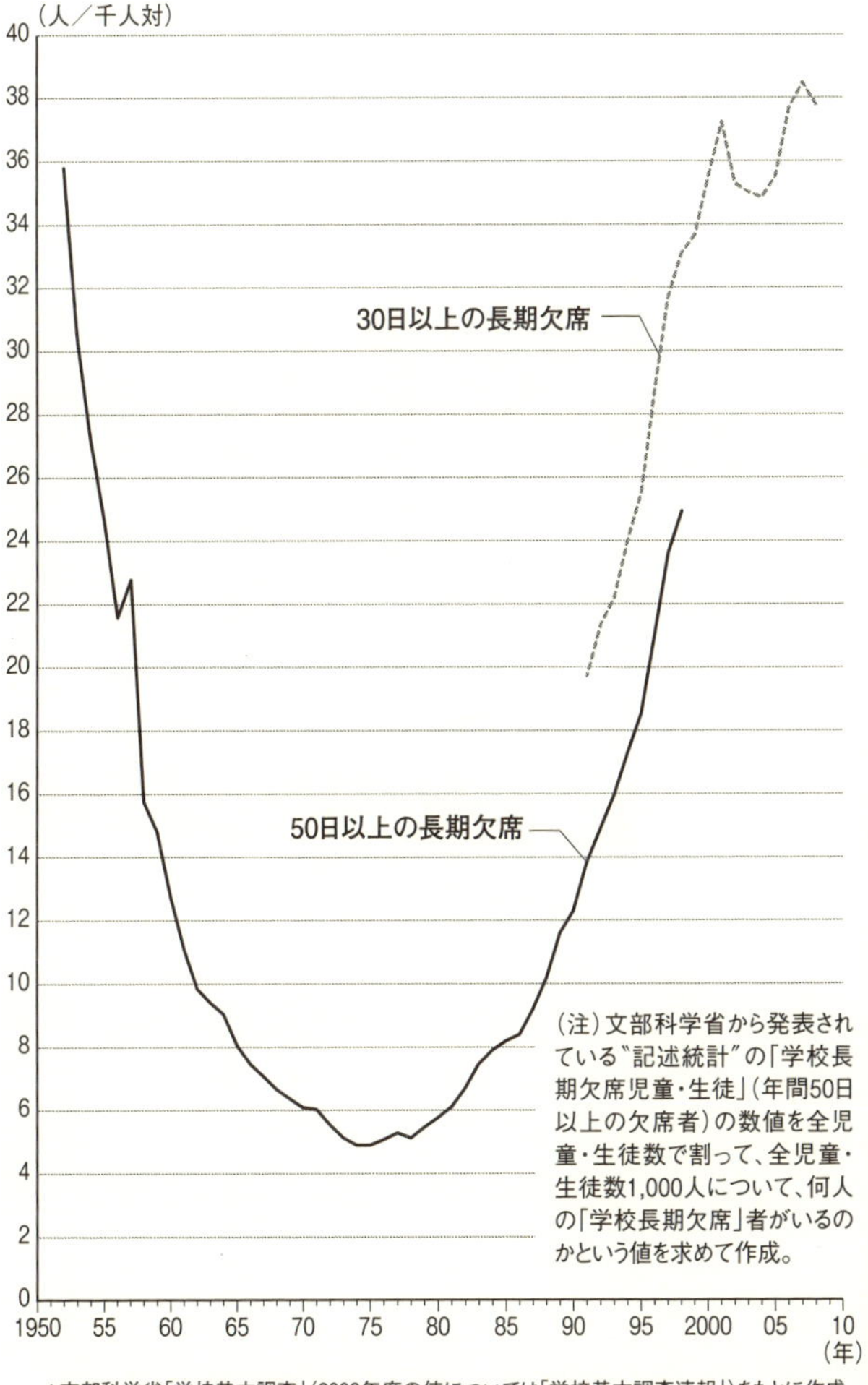

＊文部科学省「学校基本調査」（2008年度の値については「学校基本調査速報」）をもとに作成

出所：子どものからだと心・連絡会議編『子どものからだと心白書2009』

にはなるが、ペルーでの調査で、現地のインディオの方々（たぶん、貧しい生活をしている）には皆無であったが、スペイン系のプランテーションなどを経営している豊かな家庭には摂食障害が見られたという。摂食障害が豊かさと関連することは多くの調査でも確認されている。わが国が豊かになっていくにしたがって、摂食障害は増えていった。

典型的なBPDも80年代がピークだったと思う。大量服薬して救急外来に運ばれる女の子が急増し、入院している子も多かった。精神科医は彼女らに振り回されていた。

90年代半ばからすべての疾患の病像が変化

1980年代に急増しはじめた、摂食障害、BPD、不登校・ひきこもりや、従来から存在した対人恐怖症も、そのころまでは典型的な症状がそろうことが多く、診断も難しくはなかった。この時代は、わが国に、戦後のさまざまなシステムが確立され、経済成長期であった。そのような時代を生きた若者の時代とも言えよう。

しかし、1990年代半ばごろから、これらすべての疾患の病像に変化が見られはじめた。経済成長期を過ぎたころと一致している。そして、今に至る。

そこで、対人恐怖症、摂食障害、不登校・ひきこもりについて、80年代に見られたケースと、95年以降のケースを取り上げて、その変化を読者にも共有してもらいたい。そして、ひきこもりと関連の深い「家庭内暴力の鎮静化」と、近年、若者に急増していると言われる現代型うつ病について触れることとする。

古典的な対人恐怖症から「ふれあい恐怖」「承認不安」へ

わが国の伝統的な葛藤を抱えた若者・K君

K君は、私が1980年に担当した大学生である。彼の悩みは、当時の対人恐怖症の典型的な苦しみであった。それは、人のいる場面、とくに、クラスメートなどや近所の知人などのように、ある程度、知り合いではあるが、家族ほどには関係が深い相手ではない人に出会う場面（中間的な関係という）において、強い緊張感を抱き、そのために表情がこわばり、その様子を見られると、嫌われて避けられてしまうという不安であった。つまり表情恐怖症を抱いていた。

そのため、大学の授業に出ることがもっとも苦痛であり、そのこわばった表情を、皆が見ているのではないかという視線恐怖症も伴っていた。それでも、何とか何人かの友人と最低限の付き合いはしていた。

彼は以下のように悩みを訴える。

「皆と打ち解けたいのに打ち解けられないのです。いろいろ表情を工夫したりもするのですが、やはり、キツい表情のために皆に避けられているようです」

「この表情さえ和らげば、皆に良い印象が与えられるのに、表情がどうにもならないのです」

それでも、彼は、授業にほぼ出席していた。ただ、このままでは、就職しても仕事ができないので、就職の前に治したいと受診したものである。

症状的には、対人緊張、表情恐怖症、視線恐怖症が見られる典型的な対人恐怖症であった。

K君の家庭状況や発症状況も、従来の対人恐怖症に見られる典型的なものであった。

彼は、親族の中で、もっとも学歴の低い夫を持ったため、そのことに傷ついていた母親に期待された長男として生まれた。彼は学童期までは成績も良く活発で、母親の期待を満たす子どもであった。彼が立派な成績をとると褒められた。しかし、ダメな情けない自分は許されないと子ども心に思っていたという。

有名中学に入った時点で、成績が思うように上がらず、何となくクラスの中で緊張している自分を感じていた時に、先生に当てられ、生まれて初めて答えがわからなかった。その瞬間、自分の表情が急速にこわばるのを感じた。皆がバカにするような、嫌なものを見るような目で自分を見ていると感じた。それ以来、クラスにいる時は、すべてのクラスメートが、自分を内心バカにしている、あるいは嫌っているのではないかと思うようになり、そう思うと一層、表情がこわばるのを感じた。それでも、脱落してはいけないと登校し続けた。

精神療法過程でわかった彼の悩みのメカニズムは以下のようになる。

本当は、自分のことを素晴らしい人間と思ってほしい、少なくとも、かつては素晴らしく評価された存在だった。でも、どうしたら、そのような素晴らしい自分を認めてもらえるかがわからない。何とか評価されたいとがんばろうとすると緊張する。表情が硬くなる。表情が硬くなることは、自分が緊張していることを他者に悟られてしまうことであり、気の弱い自分を露呈していることになる。そのためにバカにされてしまうに違いない。そして、皆に受け入れてもらえなくなる。そう思うと一層、緊張する。

彼の悩みの本質には、皆に評価されたいのに評価されない、評価されない人間は受け入れてもらえない、それを何とかしたいがどうしたらよいかわからない、このままでは集団に受け入れてもらえない、という恐れがあった。そして、何としても、集団に受け入れられたい、という強い思いがあった。しかも、それを強気に何とかしようとするため、力が入って、かえって、体に症状が出てしまうという悪循環に陥っていた。

彼は精神療法で、母親からの期待をベースにした「他者から高い評価を得なくてはならない」という呪縛から解放されることで、あるがままの自分を取り戻すことができ、対人恐怖症から解放されていった。このような立ち直り方も、今では、あまり期待できないと感じている。

2011年に受診したR君――現代型対人恐怖症

R君は、小学校から有名私学で順調に過ごしてきた子であった。母親も、R君は長男に比べ、手のかからない良い子であったと言う。ただ、自己主張が少ないという心配はしていたという。しかし、成績は良く、サッカー部でもがんばっており、友人関係も順調であったので、問題を感じなかったという。

彼が有名大学の付属高校3年になり、半年後に大学進学を控えていた時、突然、不登校になった。父親が、どんなに説得しても登校しなかった。父親が理由を聞いても「わからない。でも行けない」と言った。友人が誘いに来ても会わなくなった。家では、パソコンに一日中向かっている。それなりに元気である。

親御さんが困って私のクリニックに相談に見えた。やがて、親に説得されて本人も受診した。2011年のことである。それで原因がわかった。彼は、私と丁寧に整理していくという作業を経て、やっと自分の困っていることが、ある程度自覚できた。つまり、それまでは、自分が何を悩んでいるかもわからない状態であった。

彼の苦しみは、以下のような内容であった。

「何となく、人といると緊張するんです。たぶん。何となく居心地が悪いんです。何がいけないというわけでもないのですが、何を話せばよいかわからないのです」

この内容も、彼にいろいろな場面を想定してもらって、その時の気持ちをいろいろ私が具体例を挙げていき、整理したものである。明確な症状はほとんどない。人前で、どのように振舞えばよいかわからない。しかし、それを何とかしなくてはならないという強い気持ちもない。夜になると、人目につかない程度にランニングには行く。しかし、友達には会わないし、携帯はすべて着信拒否にしている。

ご両親は、エリート志向ではなく、それなりに幸せになってくれればよいと育ててきたと言われる。実際、登校しないR君を温かく見守りつつやさしく接していた。

彼との面接での特徴は、「わからない」という言葉が多かったことである。本当にわからないようであった。また、私の問いかけに対して、反射的に、一言、二言答えるだけのコミュニケーションであった。表情は明るく愛想は良かった。良すぎたとも言えるが。

彼の悩みも、対人場面での緊張感や、対人場面にいられないという苦しみや、人とどのように付き合えばよいかわからないなどの悩みから診断すると、対人恐怖症と診断してもよい。しかし、従来型のK君とはずいぶん様相が異なることがわかっていただけると思う。ここ十数年、K君のような対人恐怖症は激減し、このR君のような対人恐怖症が増えている。私は、このような従来型の症状を出さなくなっている対人恐怖症を、症状が出きらないという意味で、不全型の対人恐怖症と名付けている。

不全型対人恐怖症においては、従来の対人恐怖症よりは症状的には軽症であり、しかも、何とかしようという力が断然落ちている。とにかく社会参加していなくてはならないという気持ちが弱まっているので、早期にひきこもりにもなりやすいし、外界との関係を切ってしまう。

また、K君のような、理想の自分を他者に示したい、示さなくてはならないという社会的な理想像を求める気持ちが弱まっているため、理想像と現実の自分との乖離《かいり》に悩むという傾向が薄らいでいる。理想像という考えそのものがなくなっている。このような変化は摂食障害や不登校・ひきこもりの若者にも共通しているものである。

そして、不登校のところでも述べるが、現代型・不全型対人恐怖症においては、自分の悩みの内容を語る力が落ちていて、精神療法においては、丁寧に、具体的に整理していかないと、本人自身も何を悩んでいるかわからないことが多い。そのため、一見、淡々としているように思えるが、実は、とても困っていることを周囲は理解する必要がある。

「身近な他者」の承認を求めて汲々とする

対人恐怖症の軽症化は「ふれあい恐怖」「ランチメイト症候群」などに移行したのではない

かと述べたが、それとともに私が強く感じているのは、承認欲求を背景とした「承認不安」に移行しているのではないかということである。

山竹伸二氏は『「認められたい」の正体』という著書の中で、「いま、コミュニケーション能力が重要になり、『空虚な承認ゲーム』が蔓延しているのは、社会共通の価値観を基盤とした『社会の承認』が不確実なものとなり、コミュニケーションを介した『身近な人間の承認』の重要性が増しているからなのだ」と述べている。

現代の若者が、身近な他者の承認を得られないことに汲々としている姿がうかがえる。それは、友達のいないことを知られるのを恐れるランチメイト症候群に容易に発展するだろう。

また、山竹氏は「本音を言うと承認を失う不安を抱いている」とも述べているが、この姿は対人恐怖症者とほぼ同じ姿である。対人恐怖症者も、社会的に見せている自分の背後にある本当の姿を暴かれたら、相手にしてもらえないという不安を抱いている。

自分の価値の不安定さから、他者からの承認を得たいという心性は、青春期の一般的な特性である。それは、12歳ごろから、他者から見られる自己に対する意識（社会心理学で言う公的自己意識）が急激に高まることによって、20代半ばまで続くことになる。そのため、この時期の若者は、他者からどのように見られるか、どのように評価されるかに汲々としやすい。そして、この心性が、かつては対人恐怖症に発展したと私は考えている。

1980年代半ばに行われた群馬大学の調査では、男女とも約50％の学生が、対人恐怖的な気持ちを抱くことがあると報告している。とくに、他者の視線を恐れる視線恐怖が悩みの中心となっていた。このように、昔から、若者は、他者からどのように見られているかという不安を抱き、他者からの評価を気にしていた。

しかし、現代の「承認不安」との間には違いがある。それは、対人恐怖症者が、立派だと考えられる姿を世間一般に向けて示すことができないことを恐れているのに対して、承認不安は、身近な人に受けないことを恐れている点である。

対人恐怖症者は、社会一般が理想としているであろう立派な自分として振る舞えないことを恐れた。それは山竹流に言えば、「社会の承認」を求めていたと言える。それに対して、「承認不安」のほうは、そのような一般的な理想像に照らして自分の価値をはかるのではなく、身近な他者からの反応によって自分の価値をはかろうとしている。しかも、承認を受けるために、コミュニケーション能力が決定的に重要になっている。

たとえば、斎藤環氏は『承認をめぐる病』で以下のように述べている。

何がスクールカーストの序列を決定づけているのか。「コミュ力」（中略）である。ただし、ここでいう「コミュ力」とは、場の「空気が読め」て「笑いが取れ」るような才覚のことを意味している。

私に言わせれば、これはコミュニケーション能力というより、「バラエティー番組力」だ。最近の若者は受けるためのネタ探しに躍起になっているようだ。アイスクリーム用の冷蔵庫に横たわったところを自撮りし、ツイッターに投稿して批判を浴びた若者も、ネタになるからやったのだろうと思われる。それほど他者に受けることが重要になっている。

また、「承認不安」と一対になっているのが、若者のキャラづくりである。彼らは、本当の自分をさらけ出す（本当の自分なんてものがあるかどうかは別にして）ことで承認を得られないことを恐れると、「キャラづくり」をする。一言で言えば、皆が承認してくれるであろう役割の仮面をかぶり続ける。それが安全だからだ。

だから、多少、不本意なキャラでも、承認を失わないように演じ続けることになる。周囲もそういうものと認識しているから、キャラからはみ出すことは許さない。キャラ同士のやり取りはバラエティー番組の延長線上にある。「空気を読み」、「キャラ」でやり取りし、周囲からの承認を求め続け、それに疲れている姿は対人恐怖症者の現代版と言えよう。社会ではなく友達の承認を求め続けるという意味では、より幼児化しているとも言えよう。

他者との関係性から自己を考え直す重要な時期を、「承認ゲーム」や「キャラゲーム」などの浅いやり取りで過ごしてしまうことは、私には大切な時間を無駄にしているように思えてならない。

摂食障害の変化
――激しい拒食から、漂う過食へ

「完璧な良い子」の強烈な自己主張・A子さん

A子さんは一人っ子。小学校では成績も良く、親や先生の言うことをよく聞く子であり、皆から必ず「良い子ね」と言われるような完璧な学童期であった（摂食障害の子の学童期は、周囲からは、完璧と見られるような良い子であることが多い）。中学2年ごろに、太っていることを気にしてダイエットを始めた。全然、食べない日もあるような過激なダイエットのため、母親が食べることを促すと「私は、もう良い子じゃない。ママのことも大嫌い」と言い出し、断然、拒否した。

体重が30kgを切るようになり、フラフラしていても、激しい運動を毎日欠かさなかった。とうとう学校で倒れたので入院となった。入院しても、食事は食べるふりをしてトイレに捨てたりした。身長155cm、体重29kg。ガリガリに痩せていても、まだ、太っているという思い込み（ボディイメージの障害があるとも言われる）が強く、修正はきかなかった。生理も止まっていた。

「無理に食べさせるなら死んでやる」と、病院のスタッフにも拒否的な態度であった。フラフラしているので、学校を休むように言っても、登校することを主張し、病院から登校し続けた。やはり、学校で倒れたので、さすがに休むようにはなった。

少し体重が戻った時に退院したが、自宅では、極端なダイエット、激しいエクササイズを繰り返した。父親が叱ると家を飛び出すこともしばしば見られた。食べてしまった時は、指を喉に突っ込んで意図的に吐いた。おなかに何かが入っている感じが嫌だと言って下剤も乱用した。治療を受けること自体も、長い間拒否的であった。

70年代から80年代にかけての摂食障害においては、ある意味、このような自己主張とも言える拒食期が長く続く傾向があった。

A子さんは徐々に、食べないことができなくなり、過食が見られるようになると抑うつ的になった。それでも、痩せ願望は続いていた。しかし、過食期に入ってからは、がんばりがきかなくなって、「こんな自分なら死んだほうがましだ」と言い出した。

このA子さんのように、極端な拒食、極端な痩せ、ボディイメージの歪《ゆが》み、激しいエクササイズ、自発的な嘔吐《おうと》、下剤の乱用、病気であることの否認、治療への拒否的態度、親への反抗、強迫的に自己主張に固執する傾向、学童期までは完璧な良い子であったことなどがそろっていれば、誰もが、典型的な摂食障害と診断するであろう。

家庭状況としては、多くの親が大切に子どもを育てていた様子が見受けられる。本人も、無意識にではあるが、親の期待に沿うように振る舞うことが多く、表面的には幸せな幼児期を過ごしていることが多い。学校に行けば、先生の言うことをよく聞く子となり、そのため、「完璧な子ども時代」となる。

また、一部には、親のエネルギーが高く、その期待に応え続け、何らかのきっかけで発症するケースも少なくない。このような子は、幼児期から学童期は、親の期待のもとに人一倍がんばる傾向を示す。女優の宮沢りえさんやバイオリニストの五嶋みどりさんも、このタイプだと考えられる。

拒食症の摂食障害の子は、思春期に入って、他者の期待に沿い続けることから離脱しようとしてもその方向性がわからず、しかも、他者といると他者の期待に沿おうとするため、身動きがとれないという不安と緊張にさらされているように思う。

そのような不安や緊張感を克服するためには、自己の身体を世の中の期待するイメージ（痩身になる）に完璧に合わせることが、唯一の方法だと考えるようになると推定される。それまでの良い子は、今度は、世の中に受け入れられる身体になることに全力を尽くすようになる。

それは結果的には、自分の身体という世界に耽溺《たんでき》することができ、他者を排除することになり、ひきこもりと同じ世界に入り込めることを意味する。

とにかく、世の中の理想とする身体を獲得することに、命がけになっていた若者たちであった。

親・治療者への拒否的エネルギーが弱いB子さん

B子さんは、もともとおとなしい子であった。兄が一人いるが、母親・兄の言うことをよく聞く子であったという。中学2年ごろから不登校になった。部屋から出てくることがほとんどなくなった。いろいろ治療をした結果、私の運営しているフリースペースに通えるようになった。

ある程度元気になり、高卒認定も合格した。本人もスタッフもとても喜んだ。しかし、看護師になりたいという希望から、専門学校を目指して勉強を始めて半年したころから拒食が始まった。自分でカロリー計算をして、一定以上は食べないという態度が見られた。しかし、自分が痩せてきていることは認めた（身長158㎝、体重35kg）。太っていたくないが、是非にも痩せたいとは思わないという。理想体重もはっきりしない。ダイエットを始めても、当初から我慢ができず過食することが時々あった。すると吐くようにしているという。

母親への拒否的態度は見られても強くはなかった。エクササイズもしていない。治療そのものに対しても拒否的ではない。拒否的なエネルギーがあるにはあるが、弱いか、曖昧にしている様子であった。母親に誘われればレストランにも行って少しは食べるという。話し方は淡々としている。

A子さんに比べると、自分の目指す体型に必死にエネルギーを注ぐという様子や、親や治療者への拒否的態度が曖昧である。こういう子が増えているように思う。

いま一つ増えているタイプは、摂食障害といっても、時々、過食をするというもので、体型への不満や理想を追い求めるという様子は見られない。何となく、流されて生きているような子に多く見られる。

C子さんは、小さいころから気の小さい子と言われてきた。中学時代には、友達関係を過剰に気にして、皆にいい顔をしすぎてクタクタだったという。高校時代は、何とか友達関係を作らなくてはと思い、無理して話し続けたために、皆にいじられる立場になってつらかったという。大学は一人の子にべったりくっついて何とかしのいだという。

就職したものの仕事もキツく、対人関係にも疲れ果てて半年で退職。その後、フリーターをしていたが、家族にも気を遣って、こんな生活をしていてはいけないと考え、仕事を探すが、正規採用はうまくいかなかった。

バイト先でつらいことがあると、少しずつ過食するようになった。自分には何の価値もないと思うと死にたくなるという。時にリストカットに及ぶ。自らクリニックを受診する。やはり、淡々と力なく話す。治療者にもいろいろ気を遣っている様子がうかがえる。

C子さんのようなタイプは、治療には、ある程度積極的であることも多い。また、心の中は、人との関係に混乱して疲れきっている様子がしばしば見られる。他者を完全に拒否することも、自分の身体へのかかわりに完全に入り込むこともできず、その場その場で、いろいろ合わせようとするがうまくいかず、苦しんでいる様子であった。

摂食障害の様相の変化から、若者が、必死に納得のいく自分を獲得しようとした時代が終わり、方向性を失いはじめている可能性を感ずる。対人恐怖症と同様、エネルギーの低下と、理想像を必死に追い求めるという強い思いが希薄になっている。

苦しむ不登校から葛藤なき不登校へ

貧しさからではない不登校が現れ、不登校児についての研究が盛んになったのは1970年代から80年代である。多くの分類が試みられ、その原因などもさまざまな立場から語られた。

その中で、比較的、よく引き合いに出される分類に、教育相談を担当していた小泉英二氏の1976年の分類がある。つまり、彼の担当したケースは70年代前半ということになる。実は、この時期は子どもたちの出席率がもっとも高い時期であった。つまり、子どもたちがセッセと学校に通っていた時代なのだ（小泉英二『登校拒否――その心理と治療』参照）。

小泉氏は、完全欲求が強く、自尊心が高く、登校しないことに罪悪感を強く抱くタイプを「優等生の息切れ型」とした。母親には、しっかり者で、子どもに対して支配・干渉する傾向の強い性格が多いとも述べている。要するに勉強に駆り立てられて思春期を迎え、それまでのがんばりがきかなくなって休みはじめるタイプである。

いま一つのタイプとして、情緒的に未熟で、社会的耐性が不足している「未熟型」のタイプを挙げている。登校しないことに罪悪感が薄い傾向があるという。母親は、やさしく、子どもに負けて流されてしまうタイプが多いとしている。

両者ともに、父親の存在感は薄いと言っている。

彼は、心理的な問題で登校できないタイプとしては、この「優等生の息切れ型」と「未熟型」を挙げているが、ここでは、「優等生の息切れ型」について触れる。

優等生の息切れ型不登校・J子さん

Ｊ子さんの家庭状況は、姉一人と、勝ち気でしっかり者の母親、ほとんど家にいることのない父親の４人家族。幼少時から素直で、よく気がつき、まじめな性格でクラス委員もしている。受験して有名私立中学に入学。入学後、がんばっても思うような成績が上げられないことを感じはじめ、試験の前などに頭痛腹痛を訴えだす。それでも、２年生までは休むことなく登校。２年の連休明けに、宿題の不備を担任に叱られてから休むようになり、部屋に閉じ込もるようになる。

母親が学校について触れると、荒れて、時に、母親を突き飛ばすこともあった。時々、教科書を開いている。つまり、学校のことを気にしている。しかし、担任やクラスメートからの電話などには一切出ない。

しばらく、親の相談だけを受けて、追い込まない態度をとってもらっているうちに、３年になる段階で本人が受診するようになる。やがて、思うようにならない成績のために、追い込まれていったことなどを話しはじめる。半年ほどの休む期間を経て、「できる範囲で登校する」「成績も、今はあきらめて、少しずつ追いつけばよい」というように開き直り、登校を再開した。

母親は、いわゆる教育ママと言われるほど教育に熱心というわけではなかったが、子どもたちの世話を完璧なまでにしている様子であった。Ｊ子さんは、母親の手を抜いてはならないという世話の中で生きてきた様子がうかがわれる。

きわめて似たケースを小泉氏も前掲書で挙げている。彼は、立ち直りかけている女子の例を挙げているが、彼女の悩み方が、当時の不登校生徒の心の風景をよく表している。

今まで、焦ってばかりいて、他の人を見ても、自分も一杯努力しなくてはと思っていた。ガムシャラにやっていたんですけど、そんなに他人ばかり気にしていたら、社会に出ても、自分より上の人がいっぱいいるわけでしょう。そうしたら、また、そこで振り回されて、自分はダメだなんて思って、そこからぬけられなくなる（中略）。

人には、それぞれのペースがあるし、自分は本当に他人とは違うんだ。努力してできなくっても、それは仕方がない。

このように、上昇志向というか、他者に負けずに良い成績を上げようと努力してきて、それに破綻し、疲れきっていた姿が見えてくる。

核家族化が進み、母親の手が十分かけられ、受験戦争のシステムが安定してきた時代の申し子とも言えよう。「反抗期」のところで述べた飯島愛さんも、いわゆる非行に走ったが、同じ時代の苦しみを抱いた若者と言えよう。

葛藤なきタイプ・語れないタイプの増加

80年代後半から90年代にかけて、不登校児童の急増に伴って増え続けたのは、特別に優等生でもなく、未熟さが目立つわけでもなく、登校しない理由がわからないことの多い不登校であった。1990年ごろ、小泉氏と講演会をともにした時、彼は、「最近の不登校の子がわからなくなった」と言っておられた。それは、これから述べるような子が増えてきたことによると思われる。

不登校ということで外来に来た高校2年のS君。

S君は、高校1年の6月ごろから徐々に休みはじめて、秋には、まったく行かなくなったという。親が理由を聞いても答えないとのことである。家の中では、自室にこもりがちであるが、パソコンなどをしている。一人っ子で、父親が帰宅すると避けている様子が見られる。ひきこもりはじめた時は、まったく外出しなかったが、徐々に、コンビニなどに買い物に出かけるようにもなったという。

彼との外来でのやり取りを少し具体的に示す。

「何か困っているの？」

「わからない」

「学校か何かで嫌なことでもあったのかな?」

「何も」

「家ではどのように過ごしているの?」

「別に」

「お母さんはどんな人?」

「普通」

「お父さんは?」

「わからない」


そして、黙ってしまう。

あまりこちらが根掘り葉掘り聞くと嫌な顔をする。しかし、待っていると何も話さない。「今朝、何を食べたの」というような具体的な問いには、「パン」と答えられる。しかし、「パンが好きなのかな?」などと聞くと「びみょう」と答える。「どんなところが好きなのかな」と聞けば、「別に」と答える。

彼の返事でとくに多いのは、「別に」「普通」「びみょう」「わからない」「…………」である。

これらに共通するのは、何も語っていないということである。

この子はアニメが好きであることを母親から聞いていたので、私が「アニメが好きなの？」と聞くと「まあ」と答えるので、つながれる可能性があると考えて「何が好きなの？」と聞くと「進撃の巨人」と言う。

私は知らないアニメだったので、「先生は、そのアニメは知らないけど、どんなふうに面白いの」と聞くと、「知らないならいいです」と切られてしまった。

何か、「あなたは私の世界とは別の人」と言われたような気になる言い方だった。

その後は、何を聞いても「いいです」と言うのみで、つながるきっかけを与えてくれなかった。

このような子が増えたころ、私は、いろいろ、コミュニケーションを膨らませようと努めたこともあった。しかし、徐々に、彼らには、自分を振り返り、自分のそれなりの気持ちや体験を語る力そのものが落ちているということを痛感していった。彼らは語らないのでなく、語るものをイメージ化できない様子であった。すでに述べた、最近の事件を起こした子の語りと似ている。

何かが決定的に変わりはじめていた。物語を失っているとしか言いようがない。そのため、葛藤が感じられない。しかし、それは、葛藤が感じられないのではなく、何を悩んでいるかをイメージ化できないと言うべき状態にある。そして、こちらからの質問にせいぜい、反射的に答えるのみのコミュニケーションに終始する。無理に話を膨らませようとしたり、しつこく悩みを整理しようとすると、次回からは受診してくれないことが多く、私も彼らとのかかわり方を変えていった。

このような子が、私の運営しているフリースペースに通いはじめると、自分から主体的に動けず、対人関係がスタッフとの一対一の関係以外にはなかなか広がらない傾向が目立つ。また、一つのことをやりはじめると淡々と続ける子や、何となく、手ごたえもなく、何かをしては、すぐにやめて、また、何かをして過ごすという姿も見られる。十数人の子どもたちがいても、全体で盛り上がることはほとんどない。このような傾向はますます強くなっているように思える。

不登校やひきこもりの若者たちも、対人恐怖症や摂食障害の若者と同様、エネルギーが低下し、理想像を求める強い思いが低下している。しかし、何より、目立つのは、主体性の低下と、「物語れなさ」である。若者の物語れなさ、コミュニケーション能力の問題については後ほど、詳しく触れる。

沈静化した家庭内暴力

「優等生の息切れ型」の不登校が多く見られた時期に、同時に問題化したのが、子どもが親に対して振るう家庭内暴力であった。70年代後半から80年代にかけて、もっとも激しい暴力が見られた。このころ、私の思春期外来でも、子どもに暴力を振るわれて肋骨《ろっこつ》を折り、顔を青く腫らして、外来に相談に見える母親を複数見ることがあった。しかし、最近は、ほとんど見なくなった。

当時の家庭内暴力の特徴を示しているのが、1977年に起きた開成高校生殺害事件と1980年に川崎で起きた金属バット殺人事件だ。

開成高校生殺害事件のT君

T君の父親は学歴が低く、米軍基地でバイトなどをして、最終的に、妻と二人で大衆酒場を開き成功している。苦労した戦後の成功者の一人である。T君はその一人っ子として誕生する。祖父母も同居していた。両親は多忙なため、祖母の世話を受けることが多かったようだ。

両親は、決して、過剰にかかわったわけではないが、成績優秀であった彼のために、小学校から四谷大塚に通わせ、家庭教師を雇っているほど教育熱心であった。

優秀な成績で開成中学に入学。2年生までは、東大も夢ではないというほどの成績をとっていたが、2年生の半ばごろから落ちはじめた。3年生になると、部屋にこもって、サルトルなどの哲学書を読みふけったりしていた。ますます、成績は落ちていった。

そのころから母親への言動は荒々しくなり、父親とは一切口を利かなくなっていた。開成高校に入学後は、成績はいつも低迷していた。そして、2学期ごろから、自分の鼻の低いことを気にして整形手術をさせろと迫り、受診している。しかし、年齢的に早いと言われ断られる。彼の写真を見ると、たしかに低いほうかもしれないが、コンプレックスを抱くほど低くはない。思春期に見られる、容姿をひどく醜いと悩む身体醜形障害に陥っていたと考えられる。容姿は母親に似たためと母親を責め、父親は教養がないとしてバカにしていた。

その後は、激しい家庭内暴力が続いた。大声で叫びながら暴れ回る。父親のシャツはズタズタであったという。バットで仏壇をバラバラに壊したこともあった。本人は精神科に入院もしたし、外来受診もしていた。病院では「わがまま病」と言われる。

あまりの暴力のひどさに、ついに両親は息子を殺害するに至った。そして、自殺しようとしたが、死にきれず自首した。執行猶予の判決が下りた後、母親は自殺した。

とても不幸な事件である。しかし、この事件には、80年前後の時代背景が影響していたと思われる。父親は戦争を生き残り、生きるために懸命に働き、経済的な豊かさを手に入れる。その一人っ子として、豊かさと、やさしさに溢れる中で育てられ、また、世の中が学歴至上主義に収束する過程で起きた事件である。子ども時代に優秀であったがゆえに、自己愛にしがみつくことになり、「豊かさ」「やさしさ」「自己愛」「学歴偏重」のゆえに起きた事件と考えられる。

川崎金属バット殺人事件のI君

同じ「学歴偏重」でも、父親、同胞などとの関係が前面に出るタイプもある。1980年に川崎で起きた、両親をバットで殴り殺してしまったI君の場合がそうである。

父親は東大卒業後、大手企業の支店長となっている。三つ年上の兄は早大卒業後、大手電機メーカーに就職していた。I君は、目指した早大の付属校に入学できず、有名私立の進学校に入学した。しかし、成績が落ちはじめる。結局、すべての大学入試に失敗する。2年目の浪人中も成績は落ちる一方で、予備校も休みがちになった。父親に叱責されることが多く、時に「お前は屑《くず》だ」と罵倒されることもあった。ついに、両親が寝ている時にバットで殴り殺してしまう。

高学歴神話が生んだ悲劇

この二人の事件は、まさにわが国全体が経済成長を遂げつつある時代、高学歴、一流企業を目指すことが、何よりも大切だという価値観に全力で向かいつつある時に起きたものである。「良い学校」「良い企業」「良い人生」を信じた時代に起きた不幸な事件である。

T君の事件もI君の事件も、高学歴神話が強い力を持った時代が生んだ悲劇であった。優等生の息切れ型の不登校と悩みの本質は同じと考えてよい。

韓国においても2011年に、教育ママを殺害した事件が報じられた。母親は子どもに「全国1位」の成績をとるように受験勉強を強要し、体罰を振るい続けた。その母親をソウル市内の高校3年生の男子が殺害した後に、その遺体を放置し、自宅で8カ月間一人で暮らし、大学入試も受けていたことが衝撃を与えたようである。わが国と韓国とでは時代のズレがあり、韓国のほうが受験戦争が激しい気もするが、ともに高学歴神話を信ずる時代の文化の招いた悲劇とも言えよう。

優等生の息切れ型の不登校の減少とともに、家庭内暴力のエネルギーは低下していった。

ネット回線を切られて暴れたG君――最近の家庭内暴力

G君は、やはり有名進学校の中学の3年になって成績がガタッと落ちた。そのことをきっかけに登校しなくなり、自室にこもってネットゲームにはまっていた。ここまではT君やI君と似ている。

だが、T君のように、こんなになったのは親のせいだから何とかしろと言うこともなく、また、G君の親は、I君の親のように子どもを侮蔑することはせず、傷つけないように見守っていた。だから、当初は、まったく暴れることはなかった。

少しすると、夜遅くまでネットゲームをして、朝起きなくなったため、ネット依存になることを心配した母親が、インターネットの回線を切ってしまった。その時は、彼は興奮し大声を出して壁を蹴飛ばしてへこませた。しかし、親への直接の暴力はなかった。母親が仕方なく回線をつなぐと、再び自室にこもってゲームを始めた。

このように、最近は、不本意な状況になって荒れることはあっても、激しい暴れ方はほとんどなくなった。しかも、そのきっかけはネットやスマホへのはまりすぎを心配する親が回線を切ったり、スマホを取り上げようとする時に起きることが多い。ネット依存的になると、子どもは「寝ない」「食べない」「動かない」ことが問題になりやすい。親がそれを心配して何らかの動きをすると、一時的に荒れるということが多くなっている。

ひきこもり事例においても、最近は、何とかしようというエネルギーが、親も本人も弱くなっている。その傾向は家庭内暴力にも見られ、自分の世界で静かに過ごしていることを妨げられると、少し荒れるという程度になっている。

増加する若者のうつ病
――現代型うつ病の登場

これまで、70年代前後から増加し続けた摂食障害、不登校・ひきこもり、家庭内暴力の病像および対人恐怖症の病像が、70年〜80年代の典型例から、90年代には、すでに変貌を遂げていたことについて述べた。この病像の変化に連動しているいま一つの現象が、新たに現れた若者の現代型うつ病である。

うつ病は元来、壮年期の病であった。今でも、発症年齢のピークは40代前後にあるし、この年齢のうつ病は典型的なうつ病像を示すことが多い。うつ病自体が80年代後半から徐々に増加しだし、90年代後半に入って急増している（図表15参照）。

いまや「うつ病の時代」とも言われている。うつ病の増加自体も、これまで述べてきた若者の変化と連動していると思われるが、とくに、若者に特有のうつ病があるという報告がわが国でのみ議論されてきた。それが「現代型うつ病」である。

そこで、以下に、従来から見られた典型的なうつ病、2000年ごろから話題になった「現

図表15　うつ病患者数、精神科クリニック数、抗うつ薬売上額の推移

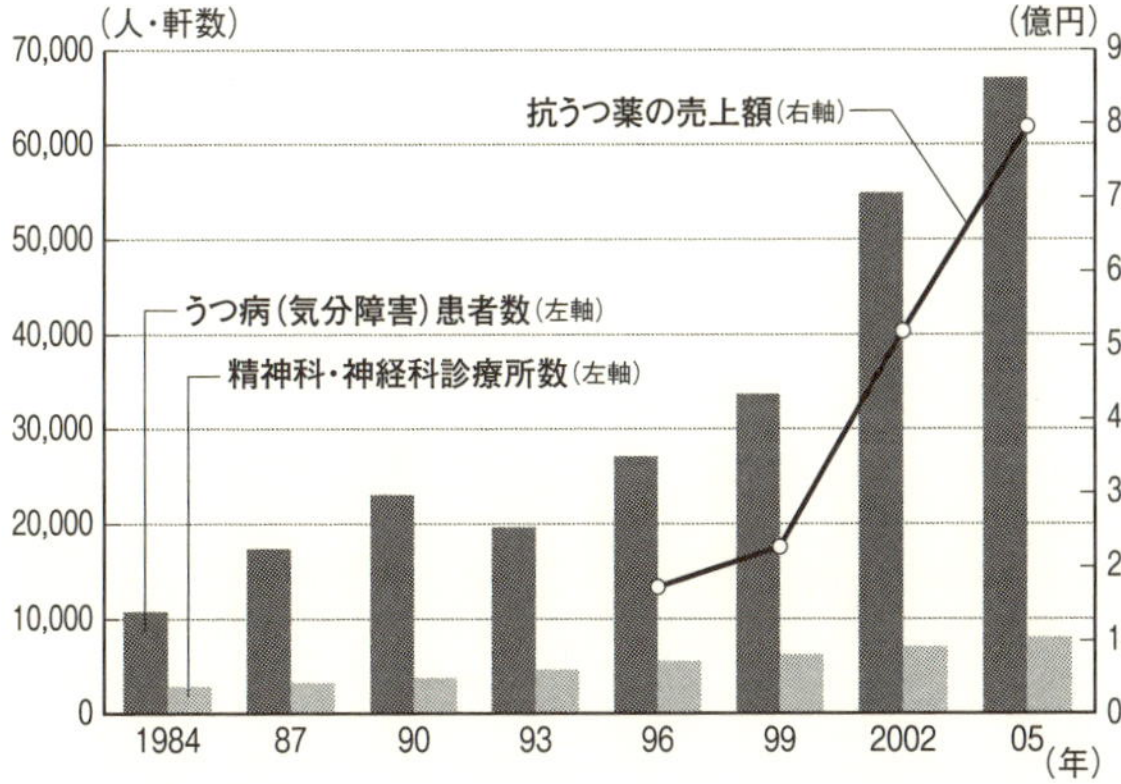

出所：「こころの科学」146号

代型うつ病」、そして、最近目立つ「やさしすぎる、素直すぎる」うつ病のケースを例示し、その違いを具体的に示したい。

典型的な従来型うつ病のY君

Y君は両親ともに教師であり、生まじめな方たちであったという。子どものころから、本人も生まじめな性格で、与えられた役割をしっかり果たす性格であったという。大学卒業後、銀行に就職。職場でも、まじめに、熱心に、几帳面に働き、顧客からも上司からも信頼を得ていた。

ある部署の責任者となったことから残業が増えた。手を抜かず働き続けていくうちに、不眠、疲れやすさ、作業能力の低下を感じはじめたが、これではいけないと、一層、仕事にのめりこんだ。ついに、仕事でミスをしてしまい、ひどい罪悪感に陥り、「皆に迷惑をかけている、会社にも行けない、こんな自分は生きている価値がない、死んだほうがましだ」と言いはじめたので、家族が驚いて、受診させることになった。

外来でも、「こんな自分が情けない。先生に診てもらう価値のない人間です」と恐縮ばかりしていた。しかし、「うつ病」という診断は不本意のようで、「自分は病気ではないんです。がんばりが足りないだけなんです」と、休職にも、服薬にも、なかなか納得してくれなかった。

休んでいる間の様子を知るために、睡眠などの状況を簡単にメモしてくるように指示すると、次回には、事細かに日々の様子を書いたものを持参した。そして、こう言われた。「先生に指示されたので、このように書いてきましたが、これでよろしいでしょうか。全然、先生の期待には応えきれていないと思いますが、これ以上は無理です。昨日も、書くのに何時間もかかりました」と。

このように従来型のうつ病の方は、自分を押し殺して、役割や周囲の期待を優先する傾向があり、まじめさ、几帳面さ、熱心さが特徴的であった。また、役割を果たせないと罪悪感を抱きやすかった。役割に徹しすぎて、過労死するケースすら見られた。必死に無理をしてでも役割を果たすという生き方のバランスが崩れると、うつ病に陥りやすい。過重労働が続いた電通社員や小児科医が自殺した事件などはうつ病が絡んでいた可能性が高い。皆、必死に役割を果たそうとして倒れていった。

しかし、現代型のうつ病は、かなり様相を異にする。

現代型うつ病（新型うつ病）とは何なのか

初めて現代型うつ病に類する病態を報告したのは広瀬徹也氏であり、彼は「逃避型抑うつ」と名付けた特徴あるうつ病を1977年に発表している。

この「逃避型抑うつ」とは、30歳前後のホワイトカラー族に起きやすく、過保護か放任で育てられ、大学卒業までは苦労することもなく、順調にエリートの道を歩んでいることが多く、高度成長期を代表するような若者に起きるうつ病であった。若者といっても30歳前後の若い成人に起きるうつ病とされる。

家族状況は、一人っ子か、同胞中ただ一人の男子に多く、女性性豊かな家庭で育っているという。また、会社では、上司の態度・評価に敏感で、一体感を求める傾向があるとしている。そして、症状的には、金曜日の夜から元気になり、土日は趣味の野球をしたり、デートしたりするなど活動的になるのに、ウィークデイは出勤への不安・恐怖を抱きやすい。一般のうつ病が、不眠や食欲の低下に陥るのとは対照的に、過眠と過食の傾向を示すという。自殺の危険性は高くなく、時に軽躁《けいそう》状態と言えるほど仕事に熱中することもある（最近は、このタイプは

「非定型うつ病」という疾患に含めるべきだという考えが主流になっている。しかし、この点には触れない)。

このような特徴は、それまでのY君のような典型的なうつ病と異なるので、新たなタイプのうつ病として広瀬氏が世に問うたのである。とくに、休みの日には元気に遊んでいることが多いし、妻に支えられて甘えている様子も見られたので、一層、注目された。

この世代はまさに団塊の世代であり、しかも、エリートとして順調に大学まで終えている若者たちであった。目立ちたがり屋で、上司にも受け入れてもらいたがり、一体感を持ちたがる傾向はまさに団塊の世代の特徴とも言える。学歴至上時代をエリートとして苦労せずに過ごした一群の若者が、20代の後半から、仕事でのさまざまな困難に出あうことで、このような逃げ腰のうつ状態をだらだらと続けるようになったようだ。

ところが2005年に樽味伸氏が「ディスチミア親和型うつ病」(「ディスチミア」とは軽症うつ病を意味する)というタイプを報告した。やはり、若者の軽症うつ病の特徴を新たに示したものであった。

「逃避型抑うつ」と軽症うつ状態としては似ていたが、異なる面もいくつかあった。まず、年齢がより若年化して20代に増えていること。家庭状況も学歴なども特徴がなくなっていること。つまりエリートでもなければ、家庭内で特別に女性に大切にされた状況で育ってもいないタイプであった。

そして、何より、規範にはストレスを感じやすく、役割そのものを嫌がり（一般のうつ病が役割に徹しすぎたり、規範を何よりも大切にするのとは正反対）、自分自身に愛着を持っているのも特徴であるとされた。そのうえ、漠然たる万能感を抱き、もともと仕事熱心ではない傾向があるとされた。

また、うつ病として診断を受けることを自ら求める傾向があり、休ませていると慢性化しやすい。仕事上で注意されると被害的にもなりやすい。しかも、環境が変わると突然、回復することもあり、状況依存性が目立つとされた。

この「ディスチミア親和型うつ病」が発表されると、診断に苦慮していた多くの精神科医から注目された。

「逃避型抑うつ」と「ディスチミア親和型うつ病」の報告には、30年近くの時代の相違がある。樽味氏自身もこの違いについて、経済成長期に起きる「逃避型抑うつ」に対して、「ディスチミア親和型うつ病」は、経済成長期が終了して、優勝劣敗が曖昧になった時代と関連していると論じている。しかし、一般には、両者とも「現代型うつ病（新型うつ病）」とされる。両者以外にも、「未熟型うつ病」「職場結合型うつ病」などが「現代型うつ病」に含まれる（うつ病については拙著『うつ病がよくわかる本』を参照いただきたい）。

「うまくいかないのは会社のせい」のX君

X君は子どものころから、それなりに優秀で、あまり努力した記憶がない。有名大学にも合格した。大学時代は、ボランティア活動や文化祭の委員などで活躍し、楽しいキャンパスライフであった（このタイプは、緩い組織では活躍することが多いとも言われている）。社交的であり、仲間との集まりにも率先して行くほうであった。恋人とも付き合っていた。就職活動もそれほど熱心ではなかったが、大学の勧めるままに受けた大手外食産業の会社に合格した。

このように就職までは、軽やかに学歴社会の敷いたレールに難なく乗り、規範も感じず、緩い関係性が得意で、自分のペースで生きてきた様子がうかがわれる。

就職して、しばらくは派遣社員やバイトを指導する教育部署に配属され、主に新たな立ち上げ店舗での指導の仕事をしていた。その場では、面倒見の良いスタッフとして人気があり自分も楽しかったという。

2年後、営業本部に配属された。仕事は営業成績をまとめたり、他のスタッフとプランを立てるものであったが、興味が持てなかったという。何となくやる気がない時に、上司に「やる気を出せ」と言われた。上司は、励ますつもりであったらしいが、本人はこれを叱責ととったため、上司を避けがちになった。些細ではあるが仕事で間違いをして、それを上司に指摘されてから、時々、出社しなくなる。出社しようとすると体が重く頭痛もする日が多かったという。

半年ほど、だらだらと働いていたが、職場ではやる気が起きず、意欲もわかず、イライラし、職場の同僚の集まりにも出る気がしなくなっていった。体もすっきりせず、不眠にも悩まされ（ただし、休日前はよく寝られる）、暗く沈みこんでしまう。そのために近くの精神科を受診したところ、うつ病と診断された。本人は、うつ病と診断されて安心したようであり、その場で、診断書を希望したという（典型的なうつ病の方は、Y君のように、うつ病であることを認めたがらない傾向がある）。

その後、3度、休職と復職を繰り返していたが、すっきりしないために当院を受診。今度、休職したら退職させられるということであった。本人の話をよく聞くと、会社への不満を語るようになる。「会社は、あるいは上司は、自分の良さをわかっていない。そのために自分の力を発揮できない」というのが趣旨であった（典型的なうつ病では、他者を責めることは少なく、自責的になることが多い）。

憂うつ感はそれほど強くなく、死にたい気持ちもなく、意欲ややる気がわかない、体がだるい、疲れやすいということが症状の中心であった。休職中は、パチンコに行ったり、映画を見に行ったり、買い物をしていたという。

このケースからもわかるとおり、現代型うつ病は軽症であることが多い。会社を休んでいる時は、結構、活動的であったりする。

診察場面でも活発に話をすることが多い。

私との面接では、本当にしたい仕事は、もとの教育をするような仕事だと言っていたので、上司に来ていただいて三者面談をした。そこで、私のサポートもあって、自分の本当の希望が伝えられ、しかも、上司も納得され、配置転換になった。その後、数年になるが、上司からは、きわめて元気に働いており、会社としても彼に期待しはじめているとの報告を受けた。このように、状況で大きく変わりやすいのも現代型うつ病の特徴である。

このケースは、「逃避型抑うつ」と「ディスチミア親和型うつ病」の両方の傾向を示している。

それなりに大切に育てられ、それまでの課題は軽やかにこなせ、漠然たる自己愛を抱き、どこかで、すぐにでも輝かしく活躍できると思っており、うまくいかないのは、他者のせい、仕事が合わないせいであり、叱る人は敵であり、困ると、ただただ、うつ状態に陥ってしまうという対応しかできないのが特徴である。しかし、相手が味方であると思うと、よく話も聞く。心に傷がないから、立ち直ると素直な働き者になることも多い。

やさしく、素直すぎ、周囲に合わせすぎのW君

実は、いま述べた「ディスチミア親和型うつ病」より最近増えている軽症うつ病は、「やさ

しさ」や「素直すぎ」が目立つタイプや、周囲に合わせすぎて疲れきるタイプである。もはや、現代型うつ病は「ディスチミア親和型うつ病」の先を行きはじめている。

W君は、幼児期から人当たりが良いと言われ、すぐに友人ができるタイプと思っていたという。たしかに、面接でも、受け身的なコミュニケーションではあるが、雰囲気がソフトで、話しやすい人であった。学生時代にひどく困ることはなかった。

ある中堅の企業に就職、数カ月は順調に働いていたが、徐々に、対人関係が窮屈になっていった。自分でも何が原因かわからないが、会社に行くと、人からの要求や誘いを断れずに、結局、損なシフトで働くことが多くなり、家に帰ると嫌な疲れが残るようになった。徐々に嫌気がさしてきて10カ月ほどで退職した。

同棲している恋人が働いていたので、生活には困らず、パチンコに行ったり、映画などを見たりしていた。その後、数カ所、バイトや派遣で働いたが、すべて、数カ月で同じような心理状態になり、退職することを繰り返していた。そのうち、気力の低下がひどくなり、一日中、倦怠感《けんたい》が続き、パチンコにも行かなくなり、ゴロゴロするようになったため精神科を受診し、うつ病と診断され治療を受けた。治療の中心は投薬と休息であったが、1年ほどしても変わらないので、友人の紹介で私のクリニックを受診した。

軽症うつ状態であった。精神療法を行う過程で、彼は以下の自分の問題点を自覚していった。

「プライベートな関係でも、いつも『良い人』になってしまい、相手に合わせてしまっているために、少しずつ付き合うのが億劫《おっくう》になる」

「自分は人に嫌と言えないようです。これが問題だったような気がする」

それからはバイトを再度始め、職場での対人関係について、私と話し合うことが多くなり、徐々に、自分の意見を明確に言えるようになっていった。それに伴って、時にトラブルも起きたが、それを避けずに踏ん張るようになり、ついには、自分なりの対人関係のスタイルがわかってきて、その職場が楽しくなり、以後、2年ほど仕事が続いているが、うつ状態には陥っていない。

社会の規範・役割にぶち当たって途方にくれる

X君は、学校のような緩い枠組みや関係性の中では、すいすいと状況に適応し、それなりの評価を得られていた。少なくとも本人はそう思っていた。しかし、もともとしっかりしたプライドや強固な自己愛はなかった。そのため、緩い関係における状況依存的なプチ自己愛が満たされなくなると意欲を失っていったようだ。

W君は、言われたままに素直に働いていたし、やさしさと配慮に富んでいたことで、学生時代は人気者でもあった。だが、利害のぶつかり得る関係には対処できず、緩い関係でのやさしさが機能しなくなり、ややひきこもりに近い感じで抑うつ状態に陥っていたようだ。

両者ともに、柔軟性がなく、ワンパターンな対応に終始していたことは共通している。

若い女性にも、周囲に合わせすぎて、言われたままに働いていくうちにうつ病に陥るケースが増えている。「やさしい」タイプや、「合わせ・流され」タイプには、ディスチミア親和型のような、自分に固執して規範や役割を拒否するような態度はない。なさすぎるタイプである。しかし、皆、ワンパターンではある。そして、最近のひきこもりの若者と同様、自ら何とかしようとする意欲が乏しく、誰かが何とかしてくれるのを待っているところがあり、静かに内向きに過ごしながら悩んでいることが多い。

私も大学で教鞭をとっていたからわかるが、わが国においては、大学までは学生は大切にされる。しかし、会社は、何といっても生存競争の中にある。利害もぶつかるし、枠組みも厳しい。つまり、規範・役割が厳しい。ここで、緩い関係の中で自分のスタイルで過ごしてきた者や、ひたすら、周囲に合わせてきた者が、壁にぶち当たり、途方にくれ、うつ病ないし、うつ病類似の状態に陥るというのが、最近の若者のうつ病事情である。

第三章

悩めない、語れない若者たち

前章において、若者の心の病あるいは悩みについて、70年代半ばから80年代までに見られたタイプと、90年代から現代に至るタイプとの違いを述べてきた。本章では、その違いは何を意味するのかを考えたい。

すべてにおいてエネルギーが低下
——元気のない若者たち

非行も病気もおとなしくなった

すでに述べたように、もっとも多くの子どもたちがセッセと登校していた1970年代半ばには、不登校に伴う家庭内暴力もきわめて激しかった。思春期外来に相談に来られる母親が傷だらけであるとか、家の中の壁が穴だらけということも稀《まれ》ではなかった。火をつけようとした子もいた。あるケースでは、息子の暴力のため、母親の骨が折れていることがわかったので入院させたところ、救急外来に高校1年の息子が来て、「母親を返せ」と詰め寄って暴れたこともあった。

今は、このような激しい家庭内暴力はほとんど消えつつある。声を荒らげるとか、時に小突くことはあるが、それも稀になっている。ひきこもってネットをしているケースが圧倒的に多い。そして、すべてを提供されて生きている。親は暴力を振るわれないという点では、平和に過ごせるが、子どもの何とかしたい、何とかしてほしいというエネルギーは低下している。現代型うつ病においても、男性であれば、妻や恋人が生活を支えていることが多い。

対人恐怖症関連の苦しみにおいても、人前で、立派に振る舞いたいというエネルギーが消え、何となく人前を避ける子が多い。

摂食障害においてもエネルギーの低下を感ずる。私が慶應病院で指導医をしていた1980年代においては、絶対に痩せると言い出すと、どんなに説得してもガンとして食べることを拒否する子が多かった。

ある同僚が担当したケースでは、もはや、これ以上拒食状態が続いていては、命にかかわるところまで来ていたので、ベッドに拘束して、中心静脈栄養（鎖骨下の比較的太い静脈から栄養を入れる）という方法をとった。しかし、こんなに痩せた小柄な女の子に、これほどの力が残っていたのかと思うほどの力を発揮して、のたうち回り、少し緩んだ拘束帯から手を出して、その栄養補給している管を引き抜いてしまった。かなり太い血管に留置してあったため出血はすさまじく、部屋中血だらけになってしまった。本当に死に至る可能性すらあった。

ＢＰＤにおいても、最近はエネルギーの低下が著しい。彼女らも、80年代ごろには、治療者に依存すると、自宅まで押しかけたり、思うようにしてもらえないと、目の前で自傷行為をしたり、「死にたい、死んでやる」というような電話を、一晩中、かけてくることも稀ではなかった。あのマリリン・モンローも、救いを求めるかのように、多くの男性を遍歴したが救われなかった。男性に電話をかけまくって辟易されたことも少なくなかった。最後に依存しようとしたのは、精神分析家のグリーンソン博士であったが、彼はそうさせてくれなかったようだ。

今でもBPDと診断される子は少なくないが、このような激しい依存や、極端な行動を示す子は激減している。漠然たる不安を抱えて、何となく漂うように生きており、依存の仕方も、あっさりしていることが多いし長続きしない。何かあきらめているような子が多くなっている。そして、フワフワとクラゲのような生き方になっていく。

非行もエネルギーが下がっているし、すでに述べたように、思春期の反抗期的行動も姿を消しつつある。このエネルギーの低下は、最近、言われている「元気のない子どもたち」とも関連しているし、子どもたちの行動量そのものの低下とも関連しているだろう。

思春期・青年期という時代は、幼児期からの生き方の総決算をする時であり、納得いかない自分に気づいたり、納得のいかない他者や社会に気づいて、それを何とかしようともがく時でもある。そのもがくエネルギーが下がってきている。

反射的・断片的なコミュニケーション

エネルギーの低下や症状が出せなくなっている傾向と連動するかのように、若者のコミュニケーション能力が下がっているように思う。いや、コミュニケーション能力というより、心の世界に語る何ものかを持たなくなっているように感ずる。

「わからない」「別に」「何となく」「びみょう」

すでに不登校やひきこもりにおいて特徴的な「別に」「普通」「びみょう」「わからない」「何となく」「…………」が圧倒的に多いコミュニケーションについては触れた。彼らは何も語らない。せいぜい、事実的なことを反射的に述べる程度しかコミュニケーションが膨らまない。この「語れなさ」がとくに目立つのは不登校やひきこもりの子たちである。また、すでに触れたように、凶悪犯罪事件を起こした若者も同じような語れなさを示すようだ。

この語れなさは、微妙に様相が異なるが、BPDや摂食障害についても共通している。

以下は、自傷行為を繰り返していた女子大生との会話である。彼女は偏差値の高い大学に通っていた。診断的には、気分の不安定さ、衝動のコントロールの悪さなどからBPDとされるが、拒食傾向も見られ、病像的には全体に曖昧な輪郭しか示していないケースである。本人の悩みは漠然たる不安あるいは空虚感と、気分の落ち込みである。

　彼女が受診する時には、いつも一人の男性が付き添っていた。


「彼は恋人なの？」

「恋人じゃない」

「友人？」

「まあ、それに近い。とにかく、来てくれる人」

「来てくれると安心するの？」

「よく、わからない」

「自分を傷つけるのは、さびしい時かな？」

「さあ……。でもつらいから助けてほしいの」

「どんなふうにつらいの？」

「よくわからない」

「傷つけてしまう前後に何があったか思い出せるかな？」

「何も特別には……、でも何か不安なの。イライラするの」

「不安になるきっかけで何か思いあたることはあるかな？」

「わからない、でも、このイライラを何とかしてほしいの」

あとは話が途切れてしまう。

もちろん、「寝られない」とか、「お菓子は何々が好き」とは言える。また、彼女の語りは、不安感とかイライラなどの感情や、助けてほしいという欲求ばかりが語られるが、どのようにつらいのかなどの状況説明がない。これは、不安になった幼児のコミュニケーションに近い。

「コミュ障」とは何が問題なのか

また、反射的な語りをする子も多い。この反射的なコミュニケーションも、相互的なコミュニケーションではないという意味で、コミュニケーション能力の低下と言えよう。相手からの働きかけに、短く最低限の反射的な言葉で返すコミュニケーションである。若者の世界に反射的なコミュニケーションが溢れている。「びみょう」「何となく」も反射的コミュニケーションと言えるし、「そうそう」「だよねー」「いいねー」なども含まれよう。

この短く答える傾向は、メールによるコミュニケーションの普及とも関係しているだろう。

また、テレビのバラエティー番組を見ると、反射的なやり取りのオンパレードだ。このことも影響しているかもしれない。

先述した斎藤環氏によれば、現代のコミュニケーション・スキルにおいて、好ましいとされる属性は「メッセージ内容の軽さと短さ、リプライの即時性、頻繁かつ円滑なやりとり、笑いの要素、顔文字などのメタメッセージの多用、キャラの明確さなど」である。

そして、一般的に、短く、浅く、身近な内容が喜ばれているようである。

空気が読めないとか、同調性のないコミュニケーション能力の問題は、最近では「コミュ障」と呼ばれている。私自身は、コミュニケーション能力については以下のように考えている。

まず、すでに述べた語れなさがある。自分の思いや考えをイメージ化して言葉にする能力の低下である。ひきこもりの子たちに多い。とにかく、自分の体験を物語として語れないタイプである。

次に、今、述べた女子大生のように、一方的に感情に基づいて自分の気持ちを述べるタイプである。BPDの子に見られることの多いコミュニケーションである。このコミュニケーションでは、つらいとか、さびしいなどの感情について短く述べることはできるが、どのような状況がつらいのかというような、それに伴うエピソードを語ることが苦手である。

BPD傾向の若者に、インクの染みの図版が何に見えるかと問う「ロールシャッハ・テスト」をやってもらうと、たとえば「こうもり」など、反射的に何に見えるかは言える。しかし、

「こうもり」に見えた理由を聞くと、「何となく」「黒っぽいから」などとしか説明できない。あるいは、自分の感情に基づいて勝手な意味を付与する。たとえば、「嫌いなおじさんの目、嫌だー」などと、図版にそぐわない感情的・反射的な意味づけをする。

実は、彼女ら（BPDはほとんど女性）の説明の乏しさについては、前頭葉機能をはかる「ウィスコンシン・カード・ソーティング・テスト」の点数と相関することがわかっている。つまり、語りの乏しさは、目的に沿ってプランを立てたり、目的を手順よく実行したりする機能に関連する前頭葉機能の低下と関連している可能性が高いのだ（拙著『変わりゆく思春期の心理と病理』参照）。

この語りの乏しさについては、摂食障害の子にも共通した傾向がある。

また、特定の病でなくとも、思春期の若者との面接では、好きなゲームやアニメについては一方的に語り続けるが、何に困っているかという点については、語れない傾向が強くなっている。注意欠陥・多動性障害（ADHD）の子も、似たようなコミュニケーションをする傾向がある。

つまり、語りの乏しさとともに反射的かつ主観的で一方的なコミュニケーションは、最近の若者全般に増えていると言えよう。それは前頭葉機能の低下と関連している可能性が高く（先述した、遠近法が使えなくなっているという三沢直子氏の指摘とも関連している可能性が高い）、きわめて憂慮すべきことなのだ。

また、相互性のないコミュニケーションとしては、発達障害のアスペルガー障害者に見られるものがある。それは言葉に含まれる多様性を理解できない、言葉どおりの意味しか理解しない、あるいは想像できないコミュニケーションである。たとえば、上司が「この書類を見ておいてくれ」と言えば、普通は「間違いがないかチェックしてくれ」という意味であるが、ただ、「見る」だけを指示されたと理解するようなやり取りである。

あるアスペルガー障害の小学生の男の子は、学校で先生に「隣に座っている人とは仲良くしましょう」と言われたので、通学のバスで隣に座った女性と仲良くしようと思い、話しかけ、彼女が嫌がって降りるとついていったという話がある。まだ小学生であったから問題にはならなかったが、もう少し年齢が高ければ、ストーカーと誤解されかねない。このようなコミュニケーションこそ、空気が読めないコミュニケーションになるだろう。

このような発達障害的コミュニケーションは、若者全体に増えている可能性が高く、とりわけ若年になるほど目立つようだ。小学校などでは、成績は良くてもコミュニケーションが成り立たない子が増えたため、クラス運営が難しくなっていると、教師やスクールカウンセラーが嘆いている。

そして、コミュニケーション能力が低下しているということは、物語る力の低下を意味する。

物語る力が低下しているということは、自分自身の物語を紡ぎ出すことが苦手なことにつながる。人は、ある年齢になると、無意識に、自分というものの物語、生きていくうえでのシナリオを創り出すものだ。それが苦手ということは、自分自身が曖昧になることにつながる。手ごたえのある「自分感覚」というものが曖昧になることにつながる。

そして、自分感覚が曖昧になることは、自分の気持ちに沿って選ぶことができない傾向や、個性がぼやけることにつながるだろう。それとともに、コミュニケーション能力の低下が前頭葉機能の低下と関連性があるなら、「キレやすさ」にもつながる可能性がある。大変なことである。

自分から動けない
――主体性の低下

少し困るとすぐに固まる

語れないことと連動したものと思われるが、自分から動けない傾向が年々増している。私は、ひきこもりや、対人関係の苦手な子などを中心とした、若者のためのフリースペースを運営してきた。そこでの若者の様子を見ると、本当に自分から動けないことがわかる。少し困ると固まってしまう。若者の「指示待ち」を極端にした状態とも言えよう。

フリースペースは50坪程度の狭い空間である。そこに用意されているものには限界がある。テレビゲームとか、アニメ本とか、卓球台とか、さまざまな楽器とか、料理用の道具とか。そこで過ごすということは、何かを選ぶわけだが、それもできない。それでもスタッフが誘導すると、それなりに動ける。そして、一つのことをやりはじめると、それればかりしている子も多い。

私のフリースペースでは、慣れない時期はスタッフがマンツーマンでつくようにしている。今の若者は、一対一でないとなかなか頼ろうとしない。多数の中では、まず、自分の気持ちを表さない。

この点は、大学生も同じである。授業中に「質問のある人?」と聞いても、誰も質問しない。そして、授業のあとに一人ずつ、私の研究室に質問に来る。そして、結構、センスのある質問をする。「なぜ、授業中に質問しないのか」と尋ねても、「それは、いろいろと難しいんです」と言うばかりである。これは若者に見られる「悪目立ち」したくない傾向でもあるが、同時に二人だけの私的な世界から出ようとしないかのようだ。

とにかく、自分から、率先して、動くことが少なくなっている。というより、動けなくなっているようだ。

社会参加へのモチベーションが低下

心の中からも村社会が消えた

70年代から80年代の不登校の子どもたちは、優等生の息切れ型ではとくにそうであるが、何とか学校に行かねばならないと考えていたし、多くの子どもたちが行かないことに罪悪感を抱いていた。今でも、不登校やひきこもりの子どもや若者たちに、学校や社会に参加していないことに罪悪感を持つ子もいるが、弱くなっているし、持たない子もいる。それより、困惑している様子のほうが強い。

父親を含めて、以前ほど、何としてでも登校させようと圧力をかける親は激減している。それは、不登校の子に登校刺激をしては、かえって追い込むということが社会に浸透したせいもあるが、やはり、親がやさしくなったこととも無関係ではないだろう。

対人恐怖症においても、対人場面で緊張したり、対人関係に困ると、早期にひきこもるか、「ふれあい恐怖」のように、心の中で切り離すなどして、何とか溶け込みたいとか、受け入れてもらいたいという気持ちを強く持つことがない。

このことは、若者から、何とか社会（村社会とも言えよう）に参入しなくてはならないというモチベーションが落ちていることを意味しているように思う。それと並行して、息子や娘を何としても自立させなくてはという、親からの働きかけもなくなっている。周囲に合わせていないと、生きていけないという共同体感覚が消失したことに関連しているだろう。

このような動きがパラサイト・シングルの増加ばかりでなく、結婚しない若者の増加とも関連しているであろう。また、現代型うつ病の、規範そのものへの拒否感にもつながっているだろう。やさしく世話をし続けてくれる親がいてくれれば、がんばって社会に出る必要もない。村社会というものが心の中からも消えはじめているようだ。

理想を追い求めない

理想の自己像がないから葛藤もない

80年代の対人恐怖症においては、他者に映る理想像を求めてやまなかった。それが得られないことが悩みの中心であった。理想像と現実の自己との葛藤に悩んでいた。

不登校においても「優等生の息切れ型」や激しい家庭内暴力に至った若者たちは、学歴至上主義において、脱落したという苦しみや傷つきがあった。ここにも、自分の理想像からのズレに対する苦しみがあった。

摂食障害においては、思い描く理想の痩身に何としても近づこうとするが、それが非現実的な理想像のために、理想像に至らぬ激しい葛藤が見られた。

そのような葛藤が希薄になっている。理想像を追い求めるという姿勢が失われつつある。求めていても、何としても手に入れたいという強い気持ちはなくなっている。できれば、そうなりたいという程度の場合が多い。

社会から、あるいは親の世代から理想像が消えると、思春期の個人の理想像も消えるようだ。思春期は、社会の中での自分を意識する時であり、自分が社会の理想像から外れていることが苦しみの中心テーマとなることが多かった。

いまや価値観は多様化し、社会が求める共通の理想像が消えたため、努力する方向性を若者は失ってしまったようだ。このことが、若者全体から、将来に向けて努力しようとする姿勢を失わせている可能性もある。

脆弱な子どものままの若者たち

根拠なき万能感ゆえの、傷つきやすい自己愛

理想像の喪失や、大人を尊敬しなくなったことと関連していると思われるが、最近は、子ど

ものままの自己中心性を残した若者が増えている。かつての青年が抱いた強いプライドというものではなく、何の根拠もないささやかなプライドを抱いている若者が多い。そして、それを守っているから冒険はしないし、そのプライドを知られないように隠している。最近の対人恐怖症の若者も、ひきこもりの子も、多くの学生にも、そのような傾向があるように感ずる。つまり、脆弱《ぜいじゃく》な幼児的な自己愛をひそかに抱いている。

それはなぜか。

すでに述べたように、最近の若者は、どうしても子ども時代から用意されたシステムの中で受け身的に生き続けることになる。それは、子どものまま大人になることに通ずる。かつては、「家庭の中できょうだいたちにもまれる時代」「学童期に子ども集団の中でもまれる時代」「思春期・青年期に、ほぼ大人に近い激しい戦いを経験する時代」を経て、生存競争の渦巻く社会に出ていったと考えられる。この間に、子どもたちは、否応なく自分のリアルな姿に直面する。そして幻滅もするが、それらを生き抜くことで、本当のプライドを育てられる。

いまや、子どもの状態から、突然、大人の世界に投げ込まれてしまうのが、若者たちの精神状況ではなかろうか。そのため、自信のない、根拠のない、子どものままの万能感を抱きやすい。その結果、「傷つきやすく」なる。自分はナンバーワンではないがオンリーワンだ、とでも言いたい小さなプライドを抱えて他者と出会う。しかし、そこで、他者とどのように付き合えばよいかもわからず、自分の抱えるプライドとどう向き合えばよいかもわからず混乱する。何が苦しいのかわからない。それがとても苦しい。

また、幼児期から、友達のような親とばかり付き合っているため、大人の世界を知り尽くしているような子どもが増えている。つまり、大人の世界と子どもの世界の色合いの相違が曖昧になっている。「おとな子ども」とでも言うような若者が増えている。彼らは、幼児期から、大人の世界を、テレビなどで豊富に見ることから、汚い世界も知り尽くしてしまう。そのため、大人を理想化することもなくなる。大人のほうが偉いという意識も希薄になっている。また、大人になってやっと許されるものがなくなっている。そのため、何かに憧れるということも少なくなっている。このことが、若者から、理想像を奪うとともに、子どもっぽい自己愛を捨てさせないことにも関連するだろう。良い意味では、上司や先輩に対しても、物怖じしない傾向とも言えようが……。

フリースペースに通う中にも、いかにも「おとな子ども」という人がいる。ある青年は、26歳になっても、キティちゃんのぬいぐるみをいつも抱いていた。その一方で、喫煙もするし(もちろん、スペース内は禁煙であるが)、麻雀《マージャン》をする時は妙に大人顔になる。

そこには、明確な悩みや葛藤はないが、漠然たる不安と脆弱な傷つきやすい自己愛に汲々としている姿が浮かぶ。子どもでもなく、大人でもない存在のまま生き続けているとも言える。

あるいは、子どものまま大人になってしまうとも言えよう。この点は後に述べる。

「症状が出せない」「病みきれない」若者たち

症状を出すだけの力がない

全体的に言えることは、若者の示す多くの症状が、軽症化しているとともに、輪郭が曖昧になっていることである。つまり、思春期・青年期に圧倒的に集中して発症する、対人恐怖症、摂食障害、BPD、不登校・ひきこもりの病像が不明瞭になり、しばしば重なっており、しかも全体に抑うつ的な色彩を伴っていることが多くなっている。

この症状の軽症化と不明瞭さには、これまで述べてきた「エネルギーの低下」「主体性の低下」「物語の喪失」「何としても社会に参入しなくてはならないという思いの喪失」「追い求める理想像や社会共通の価値基準の消滅」「脆弱な自己愛」などのすべてが関連しているであろう。

そのため、一つのテーマや、それまでの生き方や、大切にしている何ものかを中心にして、悩みぬくことが難しくなっている。つまり、「病みきれない」のだ。症状をしっかり出すだけの、悩みぬく力も集中力も失われている。

従来型のうつ病では、役割に徹しようと、燃え尽きる形で病みきれたが（良いことばかりではないが）、役割に徹しきれないための「病みきれなさ」が、現代型うつ病には典型的に見られる。そのため、ダラダラと軽症うつ状態が続きやすい。

対人恐怖症においては、何とか受け入れてもらいたい、自分の素晴らしさを認めてもらいたいという強い気持ちがあった。そのために、それを否定するような赤面や表情のこわばりや、自分の戸惑う態度を、何としても打ち消したいと思った。この「打ち消したいけれど打ち消せない」という意識の集中、エネルギーの集中が、症状をはっきりさせていったものと考えられる。そのため、自分の求める方向性が見出せると立ち直りは早かった。

しかし、最近の対人恐怖症においては、対人関係がうまくいっていないとか、何となく戸惑うとか、嫌われているのではないかという気持ちになると、「避ける、こもる」という対応を示すことが圧倒的に多く、結果、ひきこもりにつながる。彼らは弱い防衛的スタイルしかとれない。

そのうえ、最近は、ひきこもったり、他者と距離をとり続けても許される環境が整いだしている。無理をしなくてもよいのだ。このような環境も影響しているだろう。

同様に、摂食障害やＢＰＤにおいても、「何としても」という気持ちや、受け入れられない自分の側面を、徹底的に打ち消したいという気持ちが弱まっているため、症状も弱まっている。つまり、現代型の病像は、症状を明確に出せる強い思いが消えたせいで、症状自体が弱まっていると考えられる。だから、症状が軽症であっても、立ち直るという点では、かえって難しくなっている。現代型うつ病のように病像がだらだらと長期化しやすい。

同時に、最近は、まとまりのあるケースが減り、診断がつかず、さまざまな疾患の断片的な症状を多彩に示すケースが増えている。そのような例として、実際の臨床ケースと、ブログで有名な18歳で自殺した南条あやさんのケースについて述べたい。

さまざまな症状が断片的に出てくるU子さん

U子さんは、長女として生まれ妹が一人いる。両親は、彼女が8歳の時に離婚。母方に引きとられる。しかし母親は精神的に不安定で、時々、うつ状態で入院を繰り返していた。母方の祖母が同居していて、家事などはしてくれた。父からの養育費で経済的に困ることはなかった。妹とのつながりはほとんどないという。

小学校3年ごろにいじめられ、不登校気味になるが、転校して通えるようになる。中学では、気をつけてひっそり過ごしたという。がんばって希望の進学校に入学できた。何かに追い込まれるような不安のために、勉強に集中しようと努力したがうまくいかず、夏休み明けごろから、リストカットを始めた。そのため、精神科受診。その後、追い込まれたり不安になると、薬を大量に服用するようになる。

また、過食しては嘔吐するようにもなる。痩せようと思い、拒食も試みるが続かない。うつ状態になると、好きなアニメなどにも興味を失い、登校意欲もわかなくなった。しかし、死にたい気持ちを抱きながら、家族には妙に明るく振る舞ってしまうという。ヘラヘラしているような様子に見えると祖母は言う。本人もそう思うと言う。

以前は、成績にこだわったこともあったし、体重が気になることもあったというが、勉強やダイエットに打ち込む様子はない。深く悩みぬく力もなく、漂っているようでもあった。

それでも、安定している時は勉強することができ、高卒認定試験を受け、大学に入学する。大学には、サークルに時々出るだけでほとんど通っていない。ネットで知り合った複数の男性と性体験も持つ。お金をもらったこともあるという。バイトもある程度は続けるが、半年以上続くことはない。愛情もなく性的な関係を持つことや、それでお金をもらうことに何の罪悪感もない。ここには、何の規範意識もない。

ボランティアにも興味があって、東日本大震災のあとは現地に駆けつけている。やさしさもある。

面接では、どこか距離を感じさせる。人といること自体に違和感がありそうで、それでいて一人でいることには耐えられない面も持つ。

症状から診断すると、摂食障害、BPD、うつ病などの特徴があるが、特定することができない。症状も断片化している。そして、その場その場で、適当に合わせながら、何とかこなしている様子が見られる。こなせないとリストカットや大量服薬に走る。

話していると結構、明るいこともある。妙にハイな感じの時もある。そして、本人が言うように、どこかヘラヘラしている時もある。

生育状況としては、両親の離婚、親のメンタルな病、学童期のいじめ体験など、最近のケースにしばしば見られる特徴をすべて持っている。

リストカットを続けて死んでしまった南条あやさん

自分の日記をブログで発表し続け、高校卒業直後に自殺した南条あやさん（これはハンドルネーム、本名は鈴木純さん）について触れたい。

彼女はリストカットを続けたあとに死んでしまった。U子さんとは多少異なるが、彼女も悩みのテーマや症状が曖昧で、どこか軽やかな点が似ている。

彼女のブログがまとめられた『卒業式まで死にません』はロングセラーになった。この日記が若者の気持ちに響くものを持っていたことをうかがわせる。彼女は1999年に自殺している。

彼女の両親も、彼女が3歳の時に離婚。一時、母親と義父と暮らすが、4歳からは実父と暮らしている。やはり小学6年でいじめにあっている。中学に入ってリストカットを始める。徐々に、薬への依存度を高める。時々、ダイエットも試みるが続かない。薬の影響もあるが記憶が飛ぶという解離性障害を思わせる症状も伴っていた。

彼女の日記は妙に明るい。以下に一部を引用する。文章は原文に沿っている。


……その日はヒルナミン50mg（筆者注—彼女の日記には、盛んに抗精神薬の名前が出てくる）によってひたすら眠りの世界に誘われ、抜け出そうともがき、でも結局底なし沼にはまるように眠りの世界に溺れ殆《ほとん》ど一日中眠っていました。（中略）

……出掛けてみました。お外へ。

パジャマの上にロングコートを羽織って靴下を履いただけの飛《〔ママ〕》んでもない格好で。（中略）郵便局へとぼとぼ歩いて、通帳記入をしました。

残高は…一体どうなるんだろう、私の人生。ってカンジです。

何だか卒業すれば私は社会人になるらしく（伝聞形がミソ・死）、月のお小遣いという物がなくなるらしいのです。父によれば。

私にしてみれば「き、聞いてないっすよ！　そんな話！」なんですけど…どうやって私、生きて行くんでしょう…父の店を手伝って、その収入だけで遊ぶ金、携帯電話料金、その他諸々《もろもろ》を切り盛りして行かなくてはならないようで、…大人になるって大変…と今更ながら思う冬の空…。

そして、卒業式が終わり、死ぬ20日前の日記。

……私は完全に高校とも完全に分離したような、そんな状況です。分離してみたら…。怖いのです。何にもなれない自分が、情けなくて申し訳なくて五体満足の身体《からだ》を持て余していて、どうしようもない存在だということに気付いて存在価値が分からなくなりました。
今まで、卒業するという目標に向かってたらたらしながらも突っ走ってきたのが、目標を達成してしまうと、次に何をしていいのか分からなくなってしまいました。働くのがいいのでしょう。おそらく。そんな気力もないのです。（中略）
……とにかく今日はそんなこんなで不安発作が起きて、一人でギャースカと悶々《もんもん》としていました（意味不明）。（中略）

私の足元は現在真っ暗。身体が震えます。クスリ、ないと、ダメです。（中略）私は焦《あせ》っているのかも知れません。みんな4月になれば専門学校、短大、大学、就職、それぞれの道を歩んで行くのに、私だけ、一人取り残されたような。ソレも、自分の怠慢のせいで。（中略）

Aちゃんから、卒業祝いにお花と電報がとどきました。とても綺麗《きれい》なお花です。現在、猫に囓《かじ》られることの無いよう、厳しい監視態勢のもとに置かれています（笑）。（中略）バイトしようかなー…と考えています。考えるだけで終わりそうなのですが（汗）。（中略）

私は、社会不適合者。

彼女のコミカルな妙に明るい語りは、ある種の才能とも言えよう。この明るさの中に、最近の若者の抱える、とくに女性の抱える悩みの風景が見える。

彼女には婚約者もいたが、日記にはほとんど現れない。もちろん、母親とは縁が切れている。父親は、温かく見守っている様子であるが、本人からは遠い人のようだ。しかも、彼女は、高校を卒業したらお小遣いはもらえないことを本当に信じているし、何とか働くまで延長してもらえないかと頼むこともしていない。

それなりに付き合う友達もいるが、断片的な付き合いである。いや、日々の生き方そのものが断片的である。そこが魅力的でもあるが。

一見、明るく動き回っているが、確たるかかわりもなく、コミットするような目的もない。そのうえ、何らかの枠組みに違和感を覚えつつも依存している。彼女の場合は、高校生という枠組みだったようだ。

女性に多いが、U子さんや南条あやさんのような、漂うように日々を過ごし、断片的な付き合いをし、目の前のことのみにかかわり、漠然たる不安を抱き、それでも、妙に明るさを見せるケースが増えている。そのため、症状に一定の構造化が起きずに、診断がしにくい子たちだ。

自分の世界にこもる若者・状況に漂い続ける若者

植物化とクラゲ化の二極化が進む

最近は、若者の不適応に陥るパターンが、不登校の子や頑固な拒食症の女性のように、小さく自分の世界に固まって、それから出ない、あるいは出られないような悩み方と、南条あやさんのような、浮遊しているとでも言えようか、周囲からの刺激や働きかけに反応するばかりで、漂ううちに破綻するパターンとに二極化しつつあるように感じられる。

イメージをつかんでいただくために、プロローグで触れたように、前者を「培養植物化」しつつある傾向と呼び、後者を「クラゲ化」しつつある傾向と呼んでおきたい。

植物は自分からは動かない。自分の小さな世界をテリトリーとして、与えられる栄養素や水を取り入れて生きている。外からの刺激が来ても、風になびくように多少の反応はするが、動かず、自分のスタイルを維持し変化しようとしない。刺激との間にやり取りはない。なるべく自分の世界で完結しようとする。うまくいけば、縦には伸びていける。最近のひきこもりや、対人関係を避けるような悩みのタイプの子に多い。無理に外界に合わせようとするとぽきりと折れてしまう。つまり、パニックやうつ状態に陥る。

「クラゲ化」とは植物化の反対で、社会との関係で、うまくいかないと、外界の刺激や枠組みに自分を合わせて、何とか、こなそうとするが、合わせすぎてグラグラになっている状態を意味している。他者に依存しながら生きている子やその日その日を漂うように生きている子、就職して、過剰適応でバランスを崩す若者に多いと言えよう。

本来は、自分という核や幹があり、外界の刺激に対しては、取捨選択して、合わないものには、我慢することはあっても、葛藤的なスタンスをとるのが自然であるが、両者とも、それができない点では共通している。つまり、葛藤が見出せなくなる。そのため、困っていても、苦しんでいても、どこか淡々としている。

また、周囲に必要なものがそろっていないと、この両者の生き方は成り立たない。植物は必要なものを誰かが与えてくれなくては生きられない。クラゲも漂う空間にプランクトンなどの食べ物がなければ、漂い続けられない。

そして、対人関係や生きていく空間のほとんどがシステム化されていることが必要である。培養環境的なシステムに頼りながら社会に背を向けて殻にこもり、自分の世界に生きることを選ぶか、そのシステムに断片的にかかわりながら、流れていくような生き方を選ぶことになる。

「培養植物化」タイプには、臨床的に問題にならない程度であれば、いわゆる「おたく」的な生き方をする子も含まれるだろう。そして、「ふれあい恐怖」的に、心で切り離して表面上は適応しているふりをする場合もあろう。生き方に柔軟性や多様性はなく、ワンパターンとなる。周囲の規範や役割意識を忌避し、職場を放棄して、自分を守ろうとする現代型うつ病も含まれよう。

「クラゲ」的生き方は、援助交際をして適当に楽しんでいる女の子たちや、自らフリーターの立場を選ぶ若者たちということになろうか。また、キャラを作って明るく立ち回っている大学生や、周囲に配慮しすぎて疲れきるようなタイプや、就職して、言われるままに働いてうつ状態に陥る若者が含まれよう。自分という核がないまま、周囲からの働きかけに振り回されている。別の意味でワンパターンであることに変わりがない。

何とか適応している多くの若者は、一方で、培養植物のように、自ら動くこともなく、自ら何かを求めることもなく、親からの栄養補給に頼り、一方で、クラゲのように、さまざまなシステムに身を任せつつ、友人とはキャラで付き合い、承認ゲームに巻き込まれながら漂う生き方をして何とかバランスをとっている。そして思春期に入り、そのような関係性に疲れると、どちらかの傾向が強まり、ある者はひきこもって培養植物化し、ある者は緩い関係を一層緩くしてクラゲのように漂い続けることになるのではないだろうか。

多くを望まなければ生きていける

これらの若者に共通しているのは、どこか閉塞感を抱いていることである。多くを望まなければ、何とか生きていける状況だ。小さく満足することさえできれば生きていける。無理をする必要もないし、無理をしてもシステムそのものは変えられそうもない。いや、生まれて以来、ずっとシステムに囲まれていると、変えようという発想もない。そのため、生き方そのものが淡々としてくる。結果、必要以上には動かず、「周囲の何らかのシステムに頼りつつあきらめている」という生き方になりがちだ。どうしても生き生きとした生き方にはならない。

少なくとも、悩みや生きづらさを抱く若者の心の風景は、このような状態に淀みはじめているようだ。しかも、かつての世代の学生運動や暴走族のように、自己不全感や、葛藤を仲間と共有することもなく、ただ一人、淡々と、苦しみ続けている悲劇性がある。

第四章

「青春」がなくなった人と世界

これまで、一般の子どもおよび若者の変化と、思春期・青年期の臨床における症状や悩み方の変化について述べてきた。これらは、社会の変化と連動していることは間違いない。この点を精神的な変化を中心に考えたい。

その前に、世の中の大きな流れを理解していただくために、図表16・17を参考にしていただきたい。

まず図表16は、経済成長率の推移である。明確に三つの時代に分けられる。高度成長期、オイルショックによって低成長に移った時代、そして、成長ゼロの時代である。1970年代に、ある程度の豊かさを獲得した後、豊かな社会への幻想、消費社会への幻想が、段階的に消えていった。

1974年には、高校進学率は、90%を超えた。このことは、1975年前後には、教育体制や核家族の経済状態が安定したことを意味している。子どもたちが、もっともセッセと登校していた時代でもある(図表17参照)。

また、一世帯における家族数の減少および家族形態の多様化については、すでに第一章で述べた。前出の図表12(58ページ)も参照いただきたい。また、1960年代には三世代家族が全体の33%を占めていたが、1990年代には17%に減少したというデータもある。家族形態が多

図表16　日本の経済成長率の推移

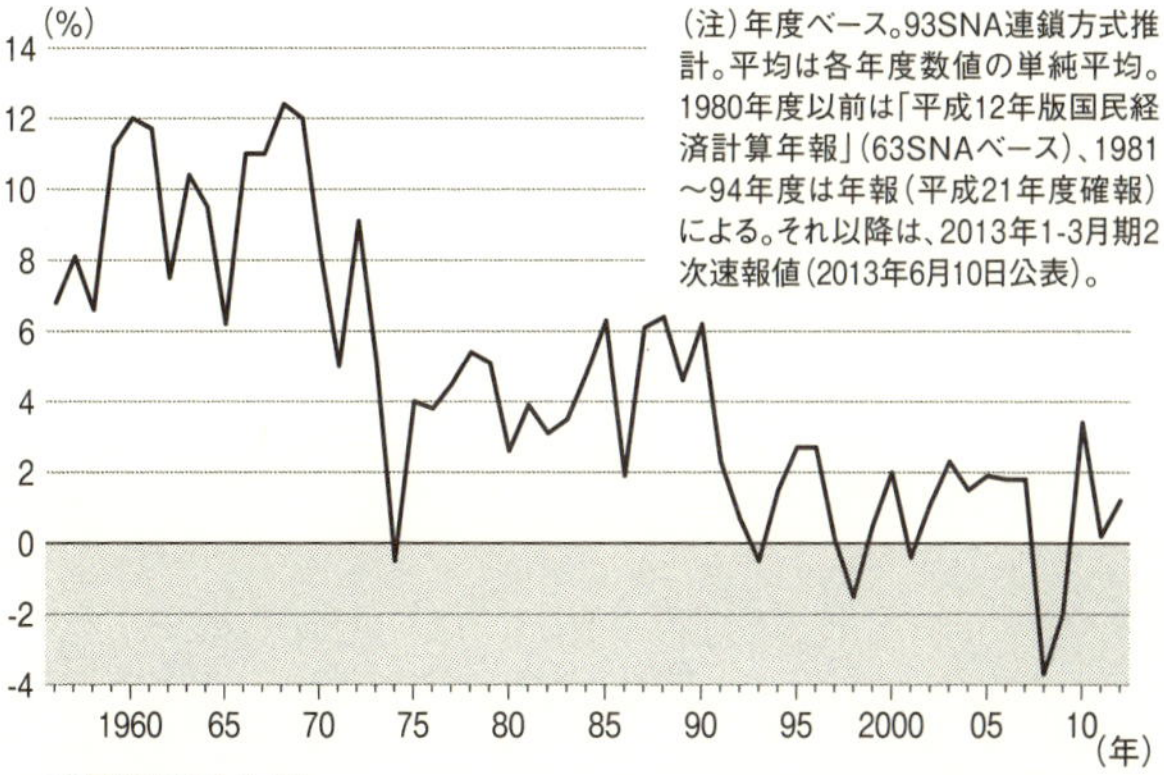

(注)年度ベース。93SNA連鎖方式推計。平均は各年度数値の単純平均。1980年度以前は「平成12年版国民経済計算年報」(63SNAベース)、1981～94年度は年報(平成21年度確報)による。それ以降は、2013年1-3月期2次速報値(2013年6月10日公表)。

＊内閣府SNAサイトより

出所：社会実情データ図録

図表17　高等学校等への進学率の推移

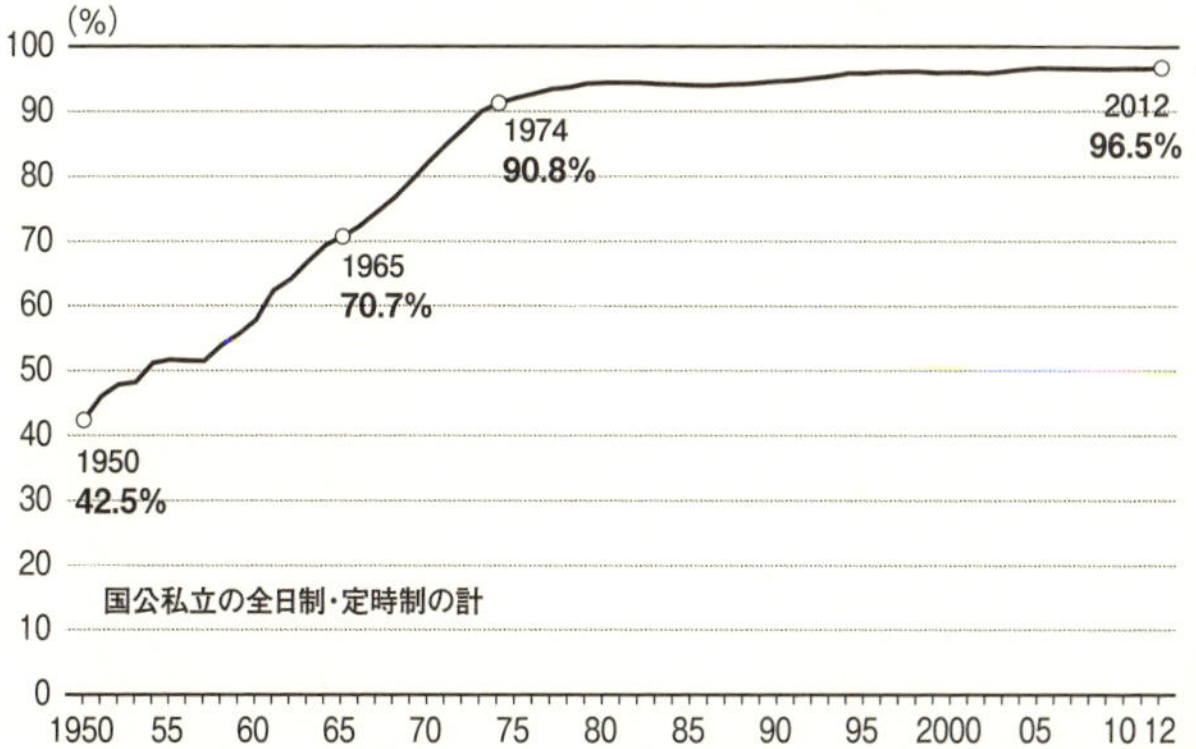

＊文部科学省「学校基本調査」をもとに作成

出所：文部科学省「高等学校教育の現状」

様化し少数化し、それとともに、付き合う他者の人数が減り続けていることは確かである。

このように、マクロの数字や状況を見ても、1960年代以降、世の中が急速に変貌を遂げてきたのは間違いないだろう。このような社会的な変化と、これまで述べた個人の精神性や生き方の変化とが、どのように関連しているかを考えてみたい。そして、世の中の変化というものは、失われたものと新たに現れたものとが並行して生ずるので、それぞれについて考えてみたい。

世の中から失われたもの

明治維新以来の成長神話の終焉

よく、失われた20年などと経済的な不作為について言われるが、私から見れば、それ以上に我々を空虚にしているのが、精神性の喪失かと思う。まず、その失われつつある精神性について述べたい。

多くの社会学者を中心に、戦後の貧しい時代からの変化について論じられてきたが、私自身は、わが国は、歴史上稀に見る成長神話を、明治維新から続けてきたように思っている。つまり、ごく最近までの時代は、わが国としては、とても特殊な時代であったと思っている。

明治維新以後、わが国は、先進諸国に追いつくことを第一の目標に掲げ、帝国主義を学び、富国強兵とともに、国民すべてを天皇のもとの侍とする時代を目指した。

地位とは関係なく、がんばれば、陸軍大将にもなれる時代が来た。外国から学び、自らを鍛えれば、良い世の中、良い人生が来ると、多くの国民が信じた時代であった。そして、わが国は一等国となったと信じ、この道は間違いないと手ごたえを持って必死に生きた。

国のために生きることがすなわち、自らの人生の充実につながると信じられた、ある意味ピュアでロマンティックな時代であった。そして、武士道をベースにした刻苦勉励が美徳とされた。

それが、戦争で崩壊したかのように見えた。たしかに、戦後の一時期、60年代ごろまでは、すべてが崩壊した後始末のような時代であった。焼け跡の貧しさから助け合って這《は》い上がる時代であった。「ALWAYS 三丁目の夕日」の時代である。

しかし、学生運動では多くの若者が革命を夢み、その学生運動の終焉《しゅうえん》のころから、わが国は、アメリカ資本主義、経済至上主義という神話を固めていった。

つまり、軍人は企業戦士になり、刻苦勉励は受験戦争となり、戦前以上に、子どもの世界までが、この経済至上主義に組み込まれていった。塾が乱立し、お受験が流行した。がんばることが幸せを生み、国も豊かになると信じた。「今日よりも明日」を信じた。

そして、戦前のように、その道を優等生のように進んでいった。1964年の東京オリンピック、そして1970年の当時最大規模で行われた大阪万博。70年前後には、わが国から「貧乏」が消えていった。

「良い学校」「良い会社」「良い人生」を信ずるとともに、社会とともに豊かになることが目指された。

つまり、明治維新からバブルがはじけるまでは、社会状況や国全体の方針が、個人の精神性を規定する働きをしていた。国民的な理想と大きな物語があった時代である。

それが、1980年代には、豊かさを目指すという目標がほぼ達成され、方向性を失いはじめた。豊かになれたと感じていたので、エネルギーは遊びに集中した。80年代後半は、スキーブームであり、クリスマスの時期にはホテルが予約で溢れ、お立ち台で女の子は踊りまくっていた。

この時代は、精神性が失われる前の最後の祭りのような時代であったように思う。

一方で、「おたく」「カプセル人間」などの言葉がはやり、もはや、それまでの生き方にはついていけないという態度を示す若者も増えはじめた。

その時代がバブルとともにはじけた。バブルがはじけて以降は、向かうべき方向性が失われたままである。少なくとも信ずる何ものかを社会が与えてくれる時代は終わった。この時期から心は空虚になっていった。そのため、一部の若者はオウム真理教のようなカルト的な世界を求めた。この時代にオウム真理教は拡大した。

その後は、世の中から理想像が消えるとともに、若者からも理想像が消えた。

そのため、臨床においては、「理想像」と「自分」との乖離に激しく悩む葛藤が失われた。また、「何としても社会に参入しなくてはならない」という意欲や義務感が消えていった。無理をしてまで皆と一緒にいる意味が消えた。

このことは、「将来に向かって努力する」という意欲を一般の若者から奪っていった。また、他国に比べて、「人生は運によって決まる」と考える若者を増やしていったと考えられる。

もはや、若者は、「坂の上の雲」を追いかけることはなくなった。いや、坂の上には、もはや、雲が存在しなくなった。

世の中から理不尽が消えた

未来への夢、成長神話がなくなると同時に、世の中から理不尽がなくなっていった。ある意味、戦後、世の中全体として目指してきたのは、理不尽をなくすことだったと思う。不条理と言ってもよい。先の戦争、被爆体験など、この世の最悪の理不尽を体験したわが国は、必死で、理不尽なるものを世の中から消し去ることに努めた。そして、それはほぼ実現したと思われる。

戦争ばかりでなく、貧困の理不尽もほとんど消えた。親からの一方的な支配も消えた。先生にわけもわからず殴られることもなくなった。先輩の理不尽も、一部の体育会系のしごき以外は消えた。教育ママの理不尽に苦しむ子どもも、男性社会の理不尽に苦しむ女性も少なくなった。教育における平等主義によって、能力のなさという理不尽を突きつけられることもほとんどなくなった。

理不尽がなくなるのはとても良いことだ。それだけ良い世の中になったのは確かだ。ただ、やむにやまれぬ強い気持ちや、他者との強い連帯感は、理不尽な体験を通じて得やすいことも事実である。60年代の学生運動は、まだ、多くの理不尽が残っていることへの若者の怒りの爆発であった。そこには強い連帯感が生まれた。

現代の理不尽な体験として挙げられるのは、突然の病気だろうか。ベストセラーになった『世界の中心で、愛をさけぶ』やケータイ小説の『恋空』『Deep Love』も、前二作は恋人が白血病・がんで、最後の作品はエイズで亡くなる。病気だけは、現代においてもいまだ理不尽な世界である。その理不尽さに出会いながら愛を貫くという姿に、若者は感動する。どこかで、そのような強烈な体験を求めているところもある。

理不尽さがもたらす不思議な意義を、以前勤めたことのある防衛医大の精神科の医師がうまく説明してくれた。防衛医大出身の医師は全員自衛隊員であり、それゆえ、自衛隊員としての訓練を受ける。

「理不尽と言えば自衛隊でしょう。戦争とはそもそもが理不尽なものなので、自衛隊の教育では理不尽さに耐えることがすごく求められていました。行進していて、いきなり蹴飛ばされる。あれこれ難癖をつけられて連帯責任で罰が下る。できるわけもない指示が与えられ、できないと連帯責任。わけのわからない訓練。

教官は、これが理不尽とわかっていて与え、みんな、理不尽とわかっていて従います。そこには、変な信頼感がありました。愛とさえ言えるかもしれません。あれは、いったい何だったのだろう」と。

理不尽さは、人を鍛える時には必要な要素なのかもしれない。受験戦争も、ある意味では、現代社会に残された理不尽な体験と言えよう。それゆえに、「浪人時代の親友は一生の友達」という体験が得られることがある。

日本の職人たちも、以前は、若い時期に理不尽な修業時代を強いられた。今は、若者がそのような修業に耐えられず、辞めてしまうので、後継者不足に悩んでいるとのことである。

世の中から、理不尽なものが消えることは絶対に必要なことである。しかし、それに伴って、強い思い、連帯意識、必死さから生まれる最高の技、などが消えてしまうことは、考えるべきことではないだろうか。

親に反抗し、異性に恋い焦がれる「青春」が消えた

「青春」とはさまざまな場面で使われる言葉だが、ここで言う「青春」とは、第二次性徴とともにエネルギーが高まり、親からの心理的な分離が始まり、時に反抗し、家の外に心からの友人を求める「思春期」と、そのあとに続く、世の中という視点が開け、そこでの自らの在り様を考え、納得のいく自分を追い求め、愛する異性に恋い焦がれる「青年期」とを含む時期と考えていただきたい。

世の中から成長神話に伴う青春が失われることと連動して、若者からも青春が失われることになった。青春と言えば、疾風怒濤《どとう》の時代と言われ、古くはドイツのゲーテの時代の若者がモデルとなり、最近であれば、60年代アメリカのベトナム反戦運動・ヒッピー運動・自分探しの旅をしたバックパッカーの若者がモデルとなり、わが国では、団塊世代の学生運動時代の若者がモデルとなるであろう。

それは、親元から離れ、社会という未知なる荒野を彷徨《ほうこう》する時であり、親や社会の理不尽への怒りを叫んだ時であり、自分探しの旅の日々であり、見果てぬものへの憧れを抱く時であり、上昇志向の時であり、夢を追う時代である。また、異性に何とかもてようと背伸びをし、異性を引きつけるファッションに身を固める時、若者同士で群れる時でもあった。音楽で言えばロックンロールの世界である。持てるエネルギーを極限まで燃焼させ、自分をアピールする時代

である。

瀬戸内寂聴氏は、あるインタビューで「青春とは何ですか?」と聞かれて、「恋と革命だ」と答えていた。そのような青春は消えてしまった。

青春がもっとも輝く時代とは、世の中のシステムが揺らぎだし、そのシステムに伴う理不尽に若者が怒りを感じ、それを改革できると信ずるに足る思想が現れた時代である。明治維新も、江戸幕府が揺らぎだし、下級武士が世の中の理不尽に怒りを感じ、そして、尊王攘夷思想が若者を熱くした。60年代のアメリカも、ベトナム戦争などで国の威信が低下し、人種差別などの理不尽に直面した若者が理想に向かって行動を起こした。わが国の学生運動の時代も、当時の大人が自信を失っていた時に、いまだ残存していた理不尽(大学や医局の封建制など)に若者が憤りを感じ、革命思想が新たな指針となって大きなうねりとなった。このような時代は青春が輝く。

やがてそのエネルギーは、豊かな資本主義という成長神話に変わり、バブルまでは、若者のエネルギーは消費と遊びに集中した。そして、それらすべての祭りが消えていった。それに伴って若者からも青春が消えた。

このように、いわゆる青春只中のダイナミックな若者の姿が見られなくなったことを、30代以上の世代は嘆くかもしれない。

しかし、若者に言わせれば、「何かを信じて、より良い明日を目指してがんばればよかった時代には、うらやましいところもある。しかし、反抗したり、背伸びしたり、自分探しをするなんて面倒だ。ましてや恋や革命など、エネルギーやリスクの伴うことは極力避けたい」ということになるだろう。

生きる力のベースとなる枯渇感と満足感

若者は青春を失い熱いエネルギーも失ったばかりでなく、生きるエネルギーそのものが低下しているように見える。あるいは強い思いもなく、淡々としているように見える。

それはなぜか？　一つには枯渇感が消えたためではないかと考えている。

貧乏ゆえに生き生きしていた私の子ども時代

枯渇感のあった時代の様子をイメージしていただくため、少し、私自身の子ども時代をお話ししたい。

わが家は、愛知県の西尾という、都会でもなく、かといって山深い村でもなく、中規模の田舎町の商家であった。この家に私はベビーブーマーとして生まれた。わが家は8人家族。裕福でもなく、ひどく貧しくもないごく当たり前の家であった。つまり、当時の平均的な環境で育ったと言えよう。

両親は、やさしかったが、いつも忙しく働いていた。親と一緒に過ごせるのは、店を閉めてからである。商家の常として、私が泣いて駄々をこねても、お客が来れば、さっさとそちらへ行ってしまうのが当たり前であった。疲れている時も、夏の暑いさなかも、文句一つ言わずに働く親の姿を見ていると、そういう仕打ちにも腹は立たなかった。子どもたちは、仕事の邪魔になるような要求をしてはならないという意識が当然のことのようにあった。農家の子は、当たり前のように仕事を手伝っていた。厳しい生活を生き抜くことが、何より優先されていた。そのために我慢することは当然であった。だから、祭りの日や、お盆の折に、親が一緒に過ごしてくれる日はとてもうれしかった。しかし、それは年に数日あるかないかであり、だからこそ、一層、幸せ感があったような気がする。

当時、全体に世の中は豊かになりつつあったが、生活は質素であった。着るものは親やきょうだいの「おふる」で済ませた。少し裕福な家庭の子が、子ども用の自転車を買ってもらったのがうらやましく、かなり執拗《しつよう》に親にせがんだが、とうとう買ってもらえなかった。このような時に、豊かさへの憧れを強く抱いた。

また、小学生の時には、こんな思い出がある。ある日、裕福な親戚の家に遊びに行った時、焼いたパンをごちそうになった。とても、おいしかった。おいしいパンそのものが、当時は珍しかった。また、別の機会に、パンにバターを塗ったものをごちそうになった。頰が落ちるのではないかと思うほど香ばしかった。バターが別世界の不思議な食べ物に見えた。後日、バターを塗った上にいちごジャムを塗って食べた。こんなにおいしいものがこの世にあるのかと思うほどおいしかった。この先、どんなおいしいもの、素晴らしいものと出会えるだろうとワクワクしたのを覚えている。未来や未知なるものが輝いていた。想像力が掻《か》き立てられた。また、こういうものが溢れているであろうアメリカ、豊かな世界に憧れを抱いた。

しかし、その後、マーマレードやピーナツバターを試したが、それほどの感激はなかった。今の子どもたちは、最初から、おいしいものを食べることからスタートする。そのため、このような感慨は抱けないであろう。さまざまに工夫するということもないだろう。強い欲求、憧れを抱きにくい時代になってしまった。「憧れ」という言葉も死語になった。

すでに述べたように、最近の若者たちは、ものを欲しがらない傾向がある。すべてがそろっているからだ。これは良い傾向とも言えるが、このような状況においては、枯渇感から強い欲求がわき、それを手にした時に無上の喜びを感ずるという体験は得られない。本来、哺乳類には、常に生き抜こうとする緊張感が伴っていたはずだ。時には餌が手に入らず、空腹に耐える必要がある。それゆえ、手に入れた時には無上の喜びを味わう。これが、もっとも基本的な生きる喜びであり、生きる力のベースとなる。

それ以上に、人は欲しくもないものに囲まれているとうんざりした気持ちになる。ものが多すぎると選べなくなる。最近の若者の抱く、閉塞感とイライラ感には、このような状況も関係しているだろう。

貧乏な家庭の子が元気なのは、このような強い思いを体験していることと無関係ではない。昔は、皆、貧乏だった。生活苦を知らない、欲しいものが手に入らないという経験が少ない今の子どもたちは、強い思いというものを持ちにくい。そして、手に入らない素晴らしい何かを想像し、その延長線上で、理想像を描く能力が育ちにくい。理想に向かって生きる時に、人は生き生きとする。今の子どもは、この緊張感・枯渇感をベースにした理想像を描くという力も落ちている。いまや、想像力は、生活とは切り離されたファンタジーものに向けられている。そこに強い思いはない。豊かさは、子どもや若者から、手ごたえのある枯渇感や、それに伴う満足感を失わせ、元気さ、生き生きとした生物的なエネルギーを失わせたと考えられる。

手ごたえのなさを描いた『なんとなく、クリスタル』

豊かさが手ごたえのある感覚を若者から奪うことを見事に描いたのが、1981年に出版された田中康夫氏の『なんとなく、クリスタル』である。

この作品は、ものに溢れはじめたこのような時代を軽やかに、しかし、手ごたえもなく生きる若者の精神的風景を見事に描いている。驚くほど多い巻末の注は、まるでブランド品、高級レストラン、ホテル、洋楽などのカタログのようである。そして、「なんとなくキラキラ」と軽い関係で生きる若者が描かれている。現実の厳しさも、貧困も、目指す理想も、守るべき規範や村的な社会性も失われた世界である。「クリスタル」はきれいに磨かれていて、キラキラしているが中身はない。主人公は、自分の生き方が「クリスタル」としか言いようがないと言う。

以下は、その生き方を端的に表した最後の章の一節である。

淳一（筆者注—主人公の恋人）と私は、なにも悩みなんてなく暮らしている。なんとなく気分のよいものを、買ったり、着たり、食べたりする。そして、なんとなく気分のよい音楽を聴いて、なんとなく気分のよいところへ散歩しに行ったり、遊びに行ったりする。

この二人は結婚しているわけでもなく、強く結びついているわけでもない。キーワードは「なんとなく」なのだ。ハリウッド・セレブを極端に矮小化《わいしょうか》したような生き方とも言えよう。アメリカ的な消費社会が輝いていたから、このような生活が素敵だと思えた時代である。主人公は、それなりに豊かな家庭に生まれ、大学に通いながらモデルで収入を得ていてリッチである。社会との面倒なつながりもない。豊かさが身近になっていた時代を象徴しているような作品だ。

登場人物は選ばれたエリート的存在が多い。しかし、このころから豊かさが一般化したため、今ではほとんどの人が豊かさに囲まれ、似たような心理状態を体験している。

よく言われることであるが、簡単にものが手に入ることは、ある種の喜びを失わせる。なかなか、手に入らなかったものが、何とか手に入った時の喜びはひとしおである。飢餓に苦しむ時に手にしたおにぎりは、無上の喜びを与えるだろう。楽に手に入ることは、人のモチベーションを鈍くするだろう。何でもそろっている生活からは、生き生きとした色が失われる。

また、ものも情報も、多すぎてはいけない。すでに触れたように幼児の実験でも、親があやしすぎたり、刺激を与えすぎると、子どもは反応しなくなることがわかっている。たぶん、脳の中で、抑制がかかるのだろう。快い刺激や喜ばしい働きかけも多すぎると、人の気持ちを鈍らせるようだ。何事も適正な量が大切なようだ。

現代は、親からの働きかけも、欲望を満たそうとする商品も溢れている。これでもかとコマーシャルは生活に入り込んでくる。このこと自体が、人の気持ちを鈍らせる。「及ばざるは過ぎたるよりまされり」という家康の言葉が浮かぶ。

群れて進化してきた人間から「群れ」が消失

明治維新から、戦後のある時期までは、私の家もそうであったが、江戸時代からの家族主義、村組織などが温存されていた。しかし、このような大家族、地域社会というものは、どんどん、古ぼけたものとして捨てられていった。

戦後は、とにかくアメリカをモデルとした。アメリカは輝いていた。そのため、歴史的なものは軽んじられた。大体、アメリカに深い歴史はない。それもかっこよく見えた。そして、アメリカ的な個人主義が理想とされ、核家族が理想とされ、村組織は消えていき、家族形態が急速に変化していった。

まず、大家族が失われる流れに伴って、家庭内で同胞を中心とした原始的な群れ社会が消えた。また、地域の子どもが減り、遊び場もご近所付き合いも減っていった。そして、子どもたちは、自然な「群れ体験」をする機会を失った。それに伴って、群れる動物のエネルギーを失っていった。とくに男子は群れないと鍛えられない。のび太もジャイアンやスネ夫との付き合いで鍛えられたはずだ。

第一章で述べたように、若い世代から群れる体験が失われて久しい。この群れ体験の喪失がどのような影響を与えるかについて考えてみたい。

自然発生的な群れ体験の意味

私の世代は、親がきめ細かく子どもの面倒を見るという文化もなかったし、それだけの余裕もなかった。ある意味、子どもは、多くの時間を勝手に過ごすのが当たり前であった。時間もゆっくり流れていた。そして、周囲には似たような子どもがウヨウヨいた。きょうだいの数も多かったし、近所にも子どもたちがたむろしていた。自然と子どもたちは群れて遊んだ。ある意味、群れて生活をする哺乳類と同じ環境である。熊やライオンの群れを見てもわかるとおり、普段、子どもたちは自由に過ごしている。親は、群れのルールを守ること、危険な時に対処すること、餌の取り方など、生きるすべのみを子どもに教える。その教えは絶対であるし、命がかかっているから教え方は厳しい。しかし、それ以外は、子どもたちは、ほとんどの時間を自由に群れて遊んで育つ。

私の場合も、幼稚園や小学校が終われば完全に自由だった。塾がはやりはじめたのは、小学校の高学年になってからだ。まだ、ラジオしかない時代である。皆、何か面白いことはないかと、空き地をうろついていた。誰かが面白いものを思いつくと、皆、飛びついた。何かがはやりだすと皆が競ってやったものだ。うまくできる者は尊敬された。この完全な自由さの中での群れ行動と、遊びを通じての創造活動や探索行動というものが、今は消えてしまった。すべては大人によって用意されている。

一つ、鮮明に覚えているエピソードがある。たしか、私が小学校2年の時だった。遠くに見える山があった。何か気になる山だった。ある日、5年生の子が探検しようと言い出した。皆、賛成して、7名で探検に行くこととした。自転車でふもとまで行き、頂上を目指した。探検気分のため、持ってきたナイフなどで枝を切りながら、道なき道を登っていった。しかし、いつまでたっても頂上には近づかず、道も見つからず、あたりは暗くなりはじめた。私は、このまま死ぬのかなと思った。必死で、あちこちを探索するうちに細い小道に出た。それを下っていくと、置いてあった自転車を見つけた。皆で歓声を上げたのを覚えている。しかし、一歩間違えれば遭難していたと思う。恐怖感もあったがワクワク感も忘れられない。自由な探索行動には失敗や危険がつきものである。失敗があるから、うまくいけば喜びはひとしおだし、危険があるからエネルギーもわく。そして、強い気持ちを体験する。皆で危機的状況をともにしたという連帯感も生まれる。

今の子は、こういう経験も持ちにくい。すべてが用意されている安全な道を、黙々と歩かされるからだ。放牧場で過ごす羊のようなものだ。管理された中で、周りの羊には関心はないが、一人になるのは不安だから群れている。そして静かに与えられた枠の中で牧草を食べ続ける。しかも、牧場は安全で、食べる牧草は最高の品質なのだ。これ以上、何も望むことがない。

群れることで磨かれる対人能力

また、サルの世界と同様、群れる哺乳類には権力闘争がつきものだ。今でも覚えている。幼稚園の年長組の時だった。白組と紅組が、砂場を自分たちの縄張りにしようと、クラスを挙げて争った。とうとう、砂場を挟んで積み木を投げ合った。結構、危険なけんかであったはずだが、先生が止めに来た記憶はない。また、敵と戦う時の味方ほど身近に感ずるものはない。戦友とまでいかないが、子ども心に強い絆を感じたような気がする。

しかし、群れることは、自分の非力や弱点に直面させられることにもなる。子どもの世界はシビアだ。遊びについていけないことほど情けないものはない。しかし、仲間に入っていないと遊べない。仲間と遊びたいから必死についていく。この必死さが、今の子どもから消えている。群れに入っていないと大変なことになるという感覚は、子ども時代に育つのかもしれない。それが失われたことが、すでに述べたように、若者から、何としても、仲間に入れてもらおう、社会に参入しようという意欲を失わせている可能性が高い。

私たちの子ども時代は、毎日が、自発的な探索であり、体全体で遊び、時に無謀な冒険があり、小さなけんかや仲直りの繰り返しだった。そして、何より、群れることが楽しかった。そこには、たしかに子どもだけの自然な世界があり、原始的な動物的な元気さがあった。それが失われていった。

また、群れ体験の喪失とともに、若者から多様性が失われていった。大家族で過ごせば、自ずと多様な人物と子どものころから出会う。近所にもいろいろな子どもがいるし、さまざまな大人との付き合いもあった。私自身は、6人きょうだいである。子どものころは祖父もいた。近所には、一つの通りだけでも同学年の遊び友達が10人いた。年上も年下も一緒に毎日遊んだことを覚えている。町内会の行事も多かった。そのために、経験的に他者との間合いがはかれるようになったと思っている。どのような人に、どの程度気を遣えばよいのか、心をどの程度許せるかを直感的にわかるようになったと思っている。悪く言えば、使い分けているということだが、対人関係での多様性が育てられたように思っている。

多数の人との交流は、多様性ばかりでなく、主体性も育てる。子どもは自分に合う人を探す。母親と合わなくても、兄あるいは姉とフィーリングが合えば、自分から近づき、兄や姉と過ごすことが多くなる。しかし、母親一人で一人っ子であれば、自分から対人関係を選択することはできない。このことは大きい。フィーリングやセンスの合わない母親との関係性だけで育つ子どもを考えてもらいたい。本人は気づかないが、どうしても何かが失われる。しかし、本人は気づかない。生き生きとした何かが失われる。

現代のいじめの問題には、このような自然発生的な群れ体験が欠けていることが関係しているように思う。いやいや集められて、しかも群れ方も知らず、間合いもはかれず、自分の守り方も知らない子どもたちは、攻撃のころあいも学んでいない。そのため、コントロールのきかないいじめに走ることになる。

ペットとして飼われていたオランウータンを、ボルネオの密林にそのまま返すと、群れに殺されてしまうそうだ。だから、群れに返す前にリハビリテーションセンターでトレーニングするという。わが国にも、そのようなリハビリテーションが必要な子が増えている。

群れ体験が失われれば、当然のことであるが、群れることそのものが下手になる。最近の政党を見ても、ほとんど群れとしての機能が果たせていない。本来の群れにおいては、覇権争いはするが、いったん、親分が決まれば、とにかく、親分の言うことには従うというのが暗黙のルールである。そういう群れ方を大人も失いはじめている。多くの人を束ねる力や包容力が、大人からも失われたため、大親分や肝っ玉母さんが消えてしまった。

巻末の年表を見ていただきたい。犯罪を含めて、若者の攻撃的な行動の時代的変化と、社会的な変化をまとめたものである。やはり、大きな相手に対する集団化した攻撃性が、どんどん狭小化し、バラバラになり、内向きになってきていることがわかる。また、時代とともに、群れて自分たちの主張を社会にぶつける、という体験が失われていったこともよくわかる。60〜70年代の大学生中心の学生運動、80年代前後の、高校生中心の組織的な校内暴力や、同年代の暴走族などは、すべて消えてしまった。攻撃性が、個人化された世界に縮んでいった。その後は、「いじめ」と「子どもへの虐待」が攻撃性の主たる領域になる。最近は、家族を殺す事件も増えている。すべてが内向きになっている。また、若者の犯罪の稚拙化が目立ってきた。

すでに述べた、若者の主体性が低下し、自己選択能力が失われ、自分からは動けなくなっている傾向や、多様性がなくなっていく流れは、自然な群れ体験を失ったことと関係していると思われる。また、優勝劣敗を突きつけられると、人は、とくに男子は、激しいエネルギーを燃やす。そういう環境が生活から消えていった。このため、強いエネルギーも消えていった。「強い思い」「必死さ」が消えていった。

また、多様な人々との多様な状況での付き合いが消えたことが、コミュニケーション能力の低下にも関係しているであろうし、それが、臨床における語れなさにも関係しているだろう。アスペルガー障害やＡＤＨＤと診断される子どもや若者の急増には、幼少期から、家族を含む群れ体験を通じて、対人関係やコミュニケーション能力を鍛えられなかったことが影響している可能性がある。

そして、自由な空間で競って走り回るような環境の喪失が、身体的な筋力の低下にも関係しているだろう。

子どもたちや若者は、動かず、群れず、欲しがらず、選べず、身体機能も低下させてきている。群れないことが、若者から、群れて生きる哺乳類に必要なものを失わせているような気もする。

新たに、我々の環境に溢れてきたもの

ここまでは、ここ数十年の間に、若い世代の周囲から消えていったものについて述べてきた。当然、何かが失われるということは、何か新たなものが現れることを意味する。ここからは、新たに現れたものが若い世代にどのような影響を与えたかを考えてみたい。

自分は有能で評価に値する人間だという思い込み

青春期に入るというステップが失われた若者は、青年になることなく、子どものままの生き方を引きずった中年となる。

たとえば、最近の若者は、子どものままの好みを変えることもなく、大人のスタンダードにも合わせようとしなくなっている。その一つの現象は偏食が多いことだ。好きなものだけを食べている傾向が強くなった。

大人の作法に合わせることもなくなった。会社の飲み会でも、とりあえず「ビール」ということがなくなり、酒よりスイーツを好む若者が増えているという。また、山岡拓氏によれば、

「20代に限ると、男性の甘党比率は40%と目立って高くなっている」とのことである。

原田曜平氏によれば、マイルドヤンキーたちは「年を取り、社会的ステージが変わっても、ライフスタイルや人間関係を変えるのは面倒くさい。自己や環境を変革するエネルギーを使いたくない。現状維持に努め、楽であることを最上位概念とする考え方を持っている」とのことである。

いじめも遊び感覚だ。いじめを苦にして自殺した中学生と同じ学校の生徒は、「あれはいじめじゃなくて、皆でやった『おちょくり』だ」と語っていると、土井隆義氏は述べている。

犯罪も遊び感覚のものが増えているような気がする。２０１４年から２０１５年にかけて、女子高校生と女子大学生が、人を殺したかったと言って殺人を犯したと報じられた。川崎の少年殺害事件や千葉で起きた少女監禁生き埋め事件などは、衝動的、思い付き的で重みや深刻味がない。犯罪の稚拙化が目立つ。

川崎と千葉の事件は複数による犯行だったが、思春期的な連帯感のある仲間ではなく、思い立った時につるむだけの関係のようだ。社会性の発達を考察したサリバンによれば、これは小学校の低学年レベルだ。

好みも、女の子はアニメ顔とでも言えるかわいい系がもてはやされ、男の子は、脂ぎっていない清潔な美少年が好まれる。

そして、いつまでも親離れをしない。

家庭でも学校でも、至れり尽くせりで育てられる。大学まではずっと「お客さん」だ。そのため、社会に出ても、自己愛を引きずることが多い。新型うつ病に見られるような漠然たる自己愛だ。そして、何の根拠もない幼児的な万能感が残りやすい。大人が準備したものを、それなりにクリアして褒めてもらってきたことで、自分を有能な人間だと思い、大切にされ評価されるに値する人間だと思い込んでしまう。

そのため仕事という生存競争の中で、思うようにいかないと、クリアしやすい課題を与えない上司や会社や社会が意地悪をしているように思ってしまう。被害者意識を抱く。そして、ひきこもる。あるいは、秋葉原の事件のような存在証明のための犯罪を起こす。

いったん、固まるとなかなか自分から動けなくなってしまう。そして長期化する。「もろい自己愛」としか呼びようがないものを抱いている若者が多い。それは、スマートフォンをデコる、あるいは、ユーチューブに自分のパフォーマンスをアップして満たされるような、ささやかな自己愛だ。

生活の隅々まで行きわたった巨大システム

すでに、枯渇感や貧乏が消えたことは述べた。それは、裏を返せば、豊かになり、ものが溢れてきたことでもある。そのことが、生物的なエネルギーを低下させたことは確かだと思う。しかし、ものが溢れるということより、もっと切実な問題が起きた。それは、用意されたシステムがあらゆる生活に溢れたことだ。

1970年ごろから、少子化とともに、貧乏ではなくなった親、とくに家電製品に囲まれた母親が子どもに手をかけすぎるということが起きた。このため、常に親がそばについていて世話をし続けることになった。また、自然な群れ体験に代わって、お稽古事・塾などの、社会における子どものためのシステムが完成されていった。子どもたちは、常に大人からの働きかけや、大人が作った人工的な環境での指示に従って動くようになっていった。いつでも、どこにも、大人の用意したシステムがあり、子どもを包み込んでいる。

このことが、最近の若者や、臨床で出会う若者から決定的に主体性を奪っていった。つまり、子どもや若者から、自分から動く力を奪っていった。言われなくては動けない傾向がどんどん強くなっていった。よく言えば、素直に言うことを聞く子が増えていった。しかし、自分で決められない子や、気が利かない子が増えることにもなった。

どこに行っても、システムが用意されていることが、若者たちの抱く、わけのわからぬ閉塞感とも関連していよう。

また、すべてのシステムが複雑になり、巨大化したため、自分の立ち位置もわからず、ひたすら、流れて生きていくしか仕方がなくなる。

私の経験であるが、大学病院のような巨大なシステムの中で働いていた時は、何か、落ち着けなかった。そのシステムが、どのように機能し、何をすればシステムを良くできるのかなどは、まったく見当がつかなった。しかし、地方の病院に出張すると、パートであっても、ほぼ、すべてのスタッフの顔を知っており、病院がどのようなメカニズムで機能しているのかが手ごたえを持ってわかった。居心地が良かった。

今の若者にとっては、社会そのものが、巨大なシステムとなり、見えない力で動いているように感じられるのではないか。このような社会では、閉塞感ばかりでなく、無力感も抱かざるを得ないだろう。ただただ、わけのわからない不安や不満を抱きながら、受け身的に流されるしかないようだ。このことも、若者が抱く、「人生は運次第」という気持ちに関連しているように思う。そして、投票率の低下に表れている政治への無関心さも、このことと無関係ではないだろう。

人間関係も時間軸もフラットなバーチャル世界

これまで述べたように、手ごたえのある体験は、どんどん失われていった。この動きに反比例するように、メディア社会が本格的に生活に入り込んできた。子どもや若者の世界にバーチャルなものが溢れていった。それは、同時に、他者との手ごたえのある体験を失わせるとともに、生きる世界のフラット化と若者の個人化を急速に推し進めた。

　1980年代に家庭に普及したテレビゲームやビデオデッキは、「おたく」的生き方を容易に、しかも豊かにしていった。そして、パソコンの家庭への導入、携帯電話の普及へと進み、1990年代半ばには、情報がメディアに溢れることになる。ひたすらバーチャルな世界につながった個人の世界が溢れていった。

　対人的なかかわりが激減する一方、マニアックな世界が簡単に手に入るようになった。先生や親に聞くよりも、ネットでの検索ははるかに正確に大量の知識を提供してくれる。また、それなりのものであれば、通販で何でも手に入るようになった。このことが、「培養植物的」な生き方や「クラゲ的」な生き方に拍車をかけることとなった。

　バーチャルなツールは、使いようによっては、とても便利だし、世界を一気に広げることができるし、シミュレーションなどのトレーニングにはとても役立つ。しかし、バーチャル体験は、実体験のすべてを補うことができない。しかも、とても大切な何かを補えないように思う。

リアルよりも優位なバーチャル世界

最近の中学生において、図書館で、もっとも人気のあるジャンルはファンタジーものだという。つまり、リアルな世界とは異なる世界の物語を好むということだ。これは、アニメやテレビゲームの影響とも思われる。また、ハリー・ポッターの人気なども関連している。悪く影響するとリアルとファンタジーとの境が曖昧になる可能性がある。

恋愛できないという若者も増えている。しかも、その理由が、リアルな異性との付き合いは面倒であるし、自分の気に入った相手が見つからないという理由であることも多いらしい。

宮台真司氏が書いているエピソードが印象的である。彼がゼミの学生に「ゲームばかりしていないで、カノジョでも作ったら？」と言った時に、学生は以下のように答えたとのことである。「先生、そりゃまた、随分古い考えですね。ぼくらに言わせれば、現実の女が、ゲームの中の女と同じように振る舞ってくれれば、相手してやってもいいって感じです」と。

また、以下のような話を、草食系男子という言葉を作った牛窪恵氏が紹介している。

「セックスについて、それまでAVなどを見ていろいろ思い描いていた大学生が、こういったそうです。『セックスって、いざ恋人ができてしてみたら、意外とつまらないっすね』」と。最近は、人気恋愛ゲームアプリ「怪盗X恋の予告状」のイケメンとのバーチャルな恋愛を楽しむことのほうが、キツい面もありリスクもあるリアルな恋愛よりなじんでいるようだとも言う。

若者たちは、ますますリアルとバーチャル、あるいはリアルとファンタジーとの境のない世界に生きているような気がする。この点は、中学生たちのファンタジー好みにつながる。

縦構造が消えてフラットな世界へ

理不尽な世界をなくすため、また、アメリカ的な民主主義を真似ようとしたため、上からの抑圧的な構造は極限まで消去されてきた。そのため、対人関係の世界から縦の構造が消え、すべてがフラットな世界になった。

親はやさしくなり、友達のようになった。お稽古事に行けば、お客さんだから大切にされ、怖いインストラクターはいない。自然な群れ体験をしなくなったから、上下関係の生まれる体験もなくなった。

世の中の厳しさを知り、大人として生きるためのしつけや訓練も、与えられなくなった。

学校に行っても、教師が煙たい存在として振る舞うことはなくなった。かつては、生徒の前に立ちはだかる壁の役割を引き受けていたが、今はそうでなく、生徒たちの人間関係の空気を敏感に読み取り、あらかじめトラブルを回避するため、生徒の機嫌すらとり、むしろ「大きな生徒」として、彼らの人間関係に積極的に溶け込んでいこうとする教師が増えていると、土井隆義氏は述べている。クラス運営も、「教師が生徒に友達感覚で接する『馴れ合い型』が厳しく指導する『管理型』より増えている」という。ある生徒は「神でもないあなたが何で僕を評価できるのですか」と平然と問うたという。

だから、会社に入って初めて縦構造に触れると、とても違和感を抱くことになる。しかし、最近はビジネスの世界でも、ネット系の会社をはじめ、多くの企業で友達感覚の会社が増えてきている。それも当然のことだろう。社会がますます若者に合わせはじめているのだ。

そもそもネット社会それ自体が、フラットな存在だ。かつて放送番組は、中央のテレビ局が一方的に配信してきた。そこにすべての家庭の端末が、たこ足のようにつながっていた。これは縦型である。しかし、インターネット世界は完全にフラットである。したがって、その世界でつながる対人世界も完全にフラットになる。

それに伴って、心の中の対人世界も縦構造が消えてフラットになってしまった。以前は、幼児期の対人世界、学童期の自然な群れ体験の世界、思春期の親友を求め、親に反抗し、群れて社会にあらがおうとする世界、そして、大人の世界というステージを段階的に踏んだ。このようなステージの体験が、それぞれ、心の中に構造化されて、精神世界に歴史性が形成された。こうした心の中にできる構造を私は「社会図式」と呼んでいる。このような縦構造の社会図式が失われた(前掲拙著参照)。若い世代は、このようなステージを歩むことがないために、「変わる」という体験が脱落する。このことは、青春の喪失にも関連している。

前述の斎藤環氏も以下のように言っている。「20代以下の患者を診察していて、しばしば悩まされる問題がある。それは自分の『変わらなさ』に対する確信である」と。

彼らは子どものころから変わった経験がないのだ。幼児、子ども、そして思春期の変化の体験がない。歴史性がない、時間的にもフラットな世界を生き続ける。それが、若者の心から奥行きを失わせ、彼らのモノトーンさにつながっていると言えよう。

生身の人間に触れないと脱落するもの

一つの実験について触れたい。言葉を覚える過程の赤ちゃんの実験である。英語圏に住む赤ちゃんに、中国語のお話を聞かせるという実験である。ある時期に、ある程度、聞かせると、あとになって中国語を学習する時に、新たに学ぶ際に習得に苦しむ特定の発音などをスムーズに覚えるということがわかっている。何かを学習しているのだ。しかし、これは人が生身で語りかけた時にのみ生ずる現象であり、ビデオで同じ物語を同じ時間聞かせても、何の効果もないことがわかっている。生身の人間の働きかけが大切なのだ。

考えてみれば、どんなに気に入っているタレントとのバーチャルなセックスよりも、多少、欠点はあっても、生身の相手とのセックスのほうが、心身全体が反応するのは当たり前である。人との関係性そのものも、バーチャルなものでは脱落するものが多い。だから、バーチャルな世界が実生活の代わりをすることは無理である。何か、手ごたえのあるものを失う。また、生身の体験は、その都度、変化があって多様性があり常に発見もある。それらが人を生き生きとさせるし、新たな工夫を考えさせる。

また、バーチャルなものは、自分の気に入ったものを提供してくれる。宮台氏の学生の話のように、実際の恋愛よりもバーチャルな恋愛のほうが、自分の好みに合っているのも確かである。このことが、最近の若者の婚姻率を下げていることと関連している可能性がある。現実の存在には必ず欠点があるし、気を遣わなくてはならぬことも多い。それを、とても億劫に感ずる気持ちはわからなくもないが……。

しかし、バーチャルな体験が中心になると、実体験に伴う「必死さ」や「手ごたえのある強い思い」が失われるだろう。このことも、若い世代が淡々と日々を過ごしている様子につながっているように思う。

世界のスピード化は人間をどう変えるか

あらゆるものがスピード化され、次々と現れては消え、短いメールのやり取りが蔓延《まんえん》する時代になった。このことが、臨床においても、一般社会においても、若者から、コミュニケーション能力を奪うだけでなく、言葉そのものを断片化させ、体験そのものまでも断片化させているることに関係していると思う。

すぐに答えを欲しがる若者たち

中学のスクールカウンセラーの方々との研究会において、よく話題になる話がある。それは、最近の子は、相談に来ると、すぐに答えを欲しがるというものである。じっくりと自分が困っていることと向き合おうとするより、簡便なアドバイスを欲しがる傾向にあるという。何でも欲しいものは、すぐに簡単に手に入れたがる傾向とも言えよう。それだけ、それまでは何でも手に入ったのかもしれない。

大学の相談センターなどでの学生の様子も変わってきている。かつてのように、じっくりと自分と向き合い、生き方を含めて、自分の悩みの本質を相談し続ける学生が激減している。そして、中学生と同じく、とにかく、具体的で、すぐに役立ちそうな答えを求めて相談に来る学生が増えている。その結果、相談ケースは増えているのに、相談の延べ回数は激減している。つまり、長くは相談に来ないで、ちょっと来てみる学生が増えているということだ。

この点は、社会人の相談室でも同じ状況である。私は、ある県警のカウンセラーの指導をしているが、やはり、相談者は、すぐに具体的な答えを欲しがるという。体験そのものが断片化している可能性がある。このことも、心の世界から歴史性が失われたことと関連しているだろう。

映画やドラマに見るスピード化とリアリズム

映画を見て思うのは、古いハリウッドものを見ると、会話もストーリーの展開もゆったりしているということだ。しかし、最近、映画もドラマも恐ろしいほど展開が速いし、会話そのものが速くなっている。だから、ホームドラマや、しっとりしたロマンスはすたれているように思う。

それに代わるようにアクションものとともに、ミステリーものがはやってきているように思う。ミステリーものは、事実関係をクールに推理していくものが多い。推理はゲームのように展開していく。この展開の楽しみはホームドラマや恋愛ものにはない。また、非日常性ゆえに、同一視して、心を動かされることも少ない。

私自身は、ミステリーものと、ファンタジーものは、ともに非日常性という意味では共通点があると思っている。両者はロマンティックなものを求めなくなった時代に流行するのではないかと考えている。

ロマンティックなものは、はるかな素晴らしいもの・理想なるもの（たとえば完全な恋愛とか）と、現実の自分とがつながろうとする時に人を魅了する。自己実現の時代にこそ、ふさわしい物語だ。しかし、現代は、ロマンティックな世界が失われ、リアリズムの時代になったと思う。そして、リアリズムの時代には、ミステリーと、現実とまったく離れた異界とでも言うようなファンタジーものがはやるように感じられる。

イギリスという国は、元来、とてもリアリズムの強い国である。シェイクスピアの作品も、裏切りと嫉妬と謀略に満ちている。コナン・ドイル、アガサ・クリスティーなど、ミステリー作家も多く輩出している。また『ハリー・ポッター』や『ロード・オブ・ザ・リング』の原作の『指輪物語』などのファンジーものも優れている。しかし、ロマンティックな物語はほとんど見当たらない。

わが国も、この方向に向かっているように思われる。ミステリーばやりである。そして、東野圭吾、宮部みゆき、横山秀夫などの作品は本当に面白い。こういう時代だからこそ、生まれたのかもしれない。日本的なスタイルのミステリーが生まれつつあるのかもしれない。

90年代の断片化、『ラブ&ポップ』

バーチャル体験やスピード化と関連しているであろうが、体験が断片化してきているように思う。それは、ものに溢れ、瞬間瞬間に変わりゆく情報に溢れ、じっくりと味わっている余裕がないことに起因しているように思う。少ないものを丁寧に体験し続けるという「時熟」ということがなくなる。そのため手ごたえのある個人的な物語がなくなる。

コミュニケーション能力の低下とともに、体験の断片化が、個人の語る言葉から、物語性を失わせていると考えられる。それは、まるで、シナリオを持たずに、即興劇をしている役者のようなものかもしれない。

この断片化を端的に表したのが、村上龍の『ラブ&ポップ』である。高校生の援助交際をテーマに、女子高生たちにインタビューして、彼なりに彼女らの世界をとらえた作品である。まず、気になるところを引用したい。

大切だと感じたものはすぐに手に入れるか経験するかしないと、一晩か二晩で平凡なものに変質してしまう。みんなそのことをよく知っている。プラダのチェーンバッグを買うためにマクドナルドで半年バイトする女子高生はいない。

大切だと思ったことが、寝て起きてテレビを見てラジオを聞いて雑誌をめくって誰かと話をしているうちに本当に簡単に消えてしまう。去年の夏、『アンネの日記』のドキュメンタリーをＮＨＫの衛星放送で見て、恐くて、でも感動して、泣いた。次の日の午前中、「バイト」のため『ＪＪ』を見ていたら、心が既にツルンとしているのに自分で気付いた。

あるいは今の自分にとってもっと大切な何か、（中略）もっともっとすばらしい何かがあるだろうか、と自分の中を探してみた。小さい頃から両親や先生が自分に言ってくれたこと、本や新聞や雑誌に書いてあること、（中略）テレビや映画やビデオで見たこと、そういう中から探した。何もなかった。

この作品に登場する女子高生は普通の家庭の子である。学校にも通っている。飯島愛さんのような、激情的に愛する人との性の世界に身を投ずるという状況ではない。皆、淡々と生きている。しかも、大切なものは、すぐに手に入れようとするし、手に入れたとしても、その意味はすぐに失われる。まるでテレビのコマーシャルのようなものだ。

すべては周囲が準備したものの中で、漂うように生き、短い時間のスパンで、断片化したものを味わおうとするが、すぐに味も意味も消えてしまう。

作品の中では、登場人物の存在感は希薄なのに、時々、現れる無意味な言葉の嵐のすさまじさに驚く。

「ゴックン！　むれむれチアガール、ナイスバディ！　モデル志願のコンパニオン、寺田弥生・淫虫の森、私は痴女・まつたけ狩り……」

脈絡のないもの、脈絡のない情報に溢れた世界に漂うような生き方が見事に描かれている。

このような状況が、若者の浅く反射的なコミュニケーションを育てている可能性は高い。

10年代の断片化『最貧困女子』

『ラブ＆ポップ』は1996年に出版されている。すなわち、1990年代半ばの女子高生の一断面を描いたものである。それはバブルがはじけ、それでも何かギラギラしたものを求めて、何も得られないことを何となく感じていた時代とも言えよう。何かを求め続けているし、断片化したものでは何も得られないことを感じているだけ健康度が高かったとも言えよう。

しかし、昨年2014年に出版された同じセックスワークに携わる若い女性の姿を描き出した鈴木大介氏の『最貧困女子』には、生き方そのもの、対人関係そのもの、自分そのものが断片化していると言ってもよい深刻な姿が描かれている。少なくとも一部の若者において、断片化は進んでいるようだ。

私自身は、人とつながる力というものは、基本的には、幼児期の親（とくに母親的存在）との安定したコミュニケーションの中から生まれると思っている。それに欠けたとしても、幼児期の大家族的なネットワークがあれば、そこでも学べるものと思っている。逆に、この時期にそのような関係性に欠けていると、つながる力自体が欠けてしまう（この点は後に詳述する）。そのため、思春期になっても、友人はできにくい。地域のネットワークからも脱落しやすい。すでに述べたクラゲ的生き方をする女の子には、その傾向が強い。しかし、クラゲちゃんには、関係性を希薄にしながら自分を守るすべがあるようにも思う。しかし、そのような自分を守るすべのない子は、ズタズタに断片化し、ギリギリのところで生きるようになる。こうした様相を描いたのが同書である。

まず、登場する多くの女性が家族との絆が壊れている。誰かと安定したつながりを持ったことがない子がほとんどだ。親から虐待を受けていることも多い。そのため、児童養護施設に保護されたりするが、そこでも孤独で、思春期になるとさびしさゆえか、男性と同棲しだす。そこでも長続きせずに、転々と風俗業を渡り歩くことになる。

男性と同棲していても、風俗の仕事を辞めない女性も多い。何の抵抗もないのだ。同棲している男性もそのことに不満を持たないという。彼らも似たような生い立ちを持つことが多いという。彼らは、ともに生きる、相手を大切に思う、そして、そのような生活・関係性の中にセックスがあるという全体性が崩れているとも言えよう。

また、ある登場人物、加奈さんは、同棲していた男性との間に二人の子どもを産むが、彼とも長続きせず、子どもを育てながら出会い系サイトで客を求めて、何とか日々を生きているような子だ。手首には、リストカットの傷が生々しく、本当にいつまで生きられるかわからないような子だ。しかし、彼女には、驚くほど深刻味がないという。このような深刻な状況を鈴木氏に話しながらも、FMラジオから流れるJポップに合わせて身体を揺らしていたという。強い感情を抱くには、自分の気持ちへのそれなりの集中が必要だ。彼女にはそれができないとも言えよう。心が断片化しているとも考えられる。

また、家族とのつながりもなく、友人もなく、公的な働きかけからも漏れており、すべてのつながり・ネットワークから切り離され、自分自身が世の中の断片となってしまっているような生き方だ。時間的にも一日一日という断片で生きているような生き方と言える。すでに述べた高校卒業直後に自殺した南条あやさんも、生き続けていれば加奈さんのような生き方に陥った可能性が高いだろう。クラゲ的生き方は、容易に断片化する可能性がある。

いまや、断片化は情報や体験ばかりでなく、生き方、存在そのものに広がっている。とくに、養育環境に恵まれないと、今の社会では、とことん生き方が断片化して、最貧困生活に陥る可能性が高い。

このような体験や生き方の断片化が、臨床的には、症状の断片化や「病みきれなさ」にも関係しているであろうし、若者全体のコミュニケーション能力の低下や手ごたえのある物語の喪失にも関係しているだろう。また、漂うような生き方の子が増えていることにも関係しているであろう。

臨床で出会う若者たちと同様に、一般の子どもたち・若者たちも、大きく変わりつつある。それは、この章で述べてきた変化がさまざまな要因になっているのであろう。しかも、わが国の変化は、他の国に類を見ないほどの速度で起きてきた。次章では、現代の若者たちは、どこに向かおうとしているのか、どうあるべきかについて考えてみたい。

第五章

日本人はこのまま衰退するのか

ここまで、若者に対する調査結果、主に悩む若者や不適応に陥ったり問題を起こしたりした若者の様子、そして、若者の心の風景を描いたと思われる文学作品などを中心に考察してきた。抜け落ちていたのは、それなりに適応している若者の生の声だ。

そこで大学院生に、本書の下原稿を読んでもらい、話し合った。その中で、今の若者の生き方や特徴が表れていた男女一人ずつに登場してもらうこととした。メモや音声の記録を残していないので、細部は私の記憶違いがあるかもしれないが、大筋は以下のとおりである。

「ワクワクするのは疲れます」24歳L君

24歳のL君。

なかなかのイケメンである。清潔感もある。身だしなみもきちんとしている。派手ではない。授業には全出席であった。そして、いつも始業時間前に教室に座っていた。授業中は、まず自分から話さない。静かに聞いている。あまり表情も変えない。モノトーンだ。こちらが促すと、言葉少なにポイントのみ答えるのが常である。しかし、寝ることもなく、まじめに聞いている。

両親は普通のサラリーマンの父と専業主婦の母であり、弟が一人いる。それなりに大切に育てられたが、勉強を強いられることはなかったという。普通に塾に行っていた。

自分としては、それなりの大学に入ろうと思ってはいたが、何としてもという気持ちはなかった。そして、希望の大学に入れた。卒業時にとくに就きたい職種がなかったので、大学院に入ることにしたという。今もとくにないが、そのうち見つかるだろうとのんびり構えているという。親も就職をせかす様子はないという。

家庭に経済的な負担をかけたくないので、奨学金をもらい、バイトもしている。家庭教師がコスパが良いと勧められることもあるが、人の運命を担うような気がして責任が重すぎるので避けているという。今は、ホテルの受付をしている。夜の時間帯なのでコスパは良いという。やはり、「コスパは大切だ」と言う。

1日3時間・週5日働いていると言うので、「大変なのでは?」と聞くと、「他にしたいこともないし、暇な時はスマホで友人とやり取りができるので、ありがたい仕事だ」と言っていた。「したいことがないのは本当なのか?」と聞くと、ネットカフェで面白いブログを見つけるのが楽しみだと言う。また、シュークリームが好きだとのこと。

飲み会は誘われれば、それなりに付き合うが、それほど楽しくはない。たまに、近くの美術館に好きな絵を見に行く。「ゆったり」と楽しむのが好きだと言う。「外国旅行はしないの?」と聞くと、「興味ありません」とあっさり答えた。

「女性との付き合いは? 君なら、女性からもアプローチされるだろう。恋愛は青年の特権だから、ワクワクするようなこともあるだろう」と、おじさん世代のダサい質問をすると、やや面倒くさそうに、「それなりに付き合いはあります。でも、ワクワクするようなことはありません。何となく付き合っているような感じです。ワクワクするのは疲れます。居心地の良い付き合いが、僕には向いています」と言う。

「それでは、何を大切に生きているの？」と聞くと、やや考えたあとで、「なるべくエネルギーを使わないようにしている気がします」と言う。「具体的にはどうするの？」と聞くと、「言われたことだけをきちんとする。人の領域には踏み込まない。リスクや責任が発生することはなるべく避けているような気がします。一言で言えば『省エネ的な生き方』ですね」と言う。「何かこだわることはないの？」と聞くと、少し考えたあとで、「今のレベルを落とさないことでしょうか」と言う。「もし、落ちたら？」と聞くと、「ただ、オロオロするだけですね。たぶん」と答えて、ニッコリ笑った。

「もう人に気を遣うのに疲れました」23歳Hさん

23歳のHさん。

授業中、よく質問しコメントもする子であった。研究につながるボランティア活動も熱心にしており、そのため授業を一度、休んだ。また、彼女の姉に子どもが生まれた時には、「姪に会いたいから休みたい」と申し入れてきた。授業よりも家族とのかかわりが大切なようだ。それ以外は全出席である。基本的には、まじめに授業を受けていたが、時々は居眠りをしていた。卒業後は出版関係で働きたいという目標を持っていた。就活も始めているという。

「バリバリ働くつもり？」と私が聞くと、「それなりにはがんばるつもりです」と言う。「でも、キャリア志向ではありません。子どもが好きなので、家庭も欲しいです」と言う。「人の中でいつも気を遣ってきたので、疲れてしまっています。バリバリ働いて目立ってしまうと、何をされるかわかりません」と言って、中学時代のあるエピソードを話してくれた。

女の子たちは、体育の授業の時に着替えなくてはならないが、着替え専用の部屋がなかったために、屋上に続く階段で着替えていたそうだ。その時、決められているわけではないが、いわゆるスクール・カーストの高い子たちは上位の階段を選び、順次、各自に合った階段を皆が選ぶことが当然であったと言う。しかも、粛々と、クラス全員の女子が、間違いなく、自分のレベルを選んだとのことである。

階段がクラス内のヒエラルヒーを象徴的に表していて、笑ってしまいそうな話であるが、皆、自分の立ち位置を間違えないように必死に選ぶとのことである。そのため、「空気を読む」ことを強いられる。良くも悪くも目立つことは必死に避ける。「キャラ」の仮面をかぶって、まず安全であることを考えるようになるそうだ。

彼女は、成績は良かったが、まじめな性格で笑いをとれるようなタイプではなく、カースト は真ん中程度であったという。このような日々の気遣いに疲れたと言う。そのため、今でも、人と一緒にいるとギクシャクしてしまうと言う。

彼女のこだわりは、「選択できるものがあるなら、ベターなものを選びたい」というものであった。「考えてみれば、これまでの人生は、ずっと、間違いなく、自分にとってベターな選択をすることだったような気がする」とも付け加えた。

頭も良くエネルギッシュな彼女でさえ、人疲れしているのかと思うと、暗澹《あんたん》たる気持ちになった。どうしても生き方が守りに入り、こぢんまりとしてしまう。

この二人以外にも、こんなことを言っている学生がいた。「自分は、結構、将来何をすべきかを真剣に考えている。それを友人に話すと『どうしてそんなに熱いの？』とか『意識高い系は大変だね』と言われて話が続かない。こういう話ができる友人が欲しいが見つからない」と。どうやら若い世代から、熱いものは消えたようだ。少なくとも、熱い青年は少数派のようだ。

子どものままあきらめの中年期を生きる

このような学生たちの生き方と、前章まで語ってきたことを総括すると、今、若者はどのように生きているのだろうか。

まず、調査報告からは、どのような特徴が見られるか。

・体力の低下と活動量の低下が見られる。つまり、動物としての基本的なエネルギーが下がっているようだ。

・統合能力が低下している可能性がある。それは、プランニングが下手になり、将来への展望を持たなくなり、場当たり的に、その時を生きる傾向につながる。このことはキレやすさにも関係しているだろう。

・将来のために努力せず、流されながら生きている。

・規範意識が薄れ、枠組みがなくなっている。

・何をするにも遊び感覚だ。

・反抗期がなくなったばかりでなく、親との関係はずっと良い状態が続く。そして、親からの自立ということがなくなった。

・変わろうとする意欲が乏しくなった。だから、ずっと家にいる、あるいは地元から離れない。

・生き方が内向きになった。

・ものを選ぶ力も低下している。語る能力が低下している。

・群れなくなった。あるいは、凝集性のある群れがなくなった。遊びの時だけに集まる集団になってしまった。

臨床からは何が見えてきただろうか。

・やはり、エネルギーが下がっている。
・主体性が低下している。自分から動けない。
・誰かが何かしてくれるのを待っている。全体的に受け身の姿勢が強い。
・語る力が落ちている。反射的なコミュニケーションが多く、コミュニケーション能力そのものが低下している。
・社会に何としても参入しなくてはならないという気持ちが希薄になった。
・理想像との乖離に悩む葛藤がなくなった。心に抱く理想像そのものが希薄になった。
・社会の求める理想像という意識も消え、身近な友人からの承認を求めるようになった。
・どこかで、子どものままの自己愛を引きずっている。自分が受けることが大切になっている。それができないと傷つく。とにかく、傷つきやすい。
・症状を明確に出すだけの悩みぬく力がなくなった。
・変わろう、変えようという意欲がなくなった。

・困ると容易にひきこもって、親の世話を受けながら動かない培養植物的になるか、親との関係が希薄だと、クラゲのように、その場その場に合わせて、漂うように生きるようになる。

そして、学生たちの言動からは、以下のような特徴が見えてくる。

・動きが鈍くなっている。とにかく動かない。動きを最小限にしている。
・安全第一に生きる。そのため、自分の領域から出ようとしない。人とのかかわりは最小限にする。なるべく面倒なことにはかかわらない。リスクのあることは極力避ける。
・重い責任は背負いたくない。大きな夢は見ない。権力闘争も覇権争いもしたくない。
・決まったことだけをする。言われたことだけをする。それなりにまじめにやる。だから、自己主張もしない。「悪目立ち」は極力避ける。
・すべてを「それなり」にこなす。向上心は持たない。理想像を追うこともない。
・見栄を張らない。自分を大物に見せようとはしない。身の丈に合ったものを選ぶ。
・必要なものだけしか買わない。その一方で、コストパフォーマンスはしっかり考えている。
・アウトドアよりも身近な趣味を好む（L君のように、外国旅行よりも近くのネットカフェや美術館を好む）。
・ワクワクすることよりも、ゆったりできることを望む。居心地の良さがもっとも大切となっている。興奮よりも、安定が優先する。日々の小さな幸せ「プチハッピー」を求める。
・異性を追いかけるよりも、身近なご近所様が大切。疲れない付き合いだけに限定する。
・誘われればそれなりに付き合う。しかし、のめりこまない。羽目を外さない。熱中することもない。
・自分の生き方は変えられないし変えたくもないと思っている。
・何とか、与えられたシステムから、落ちこぼれないようには努め、今のレベルは維持したいと考えている。
・何より家族が大切になっている。
・そして、全般的に、漠然たる不安を抱えている（この不安については後ほど詳述する）。

若者が、いつまでも、子どものままフラットな世界に生きていることについては、すでに述べた。青春の心性が失われたことも述べた。第一章と本章で登場してもらった学生を見ても、まったく青春を思わせる生き方ではない。彼らの生き方を見ていると、子どものまま青春を通り過ぎ、中年の生き方にはまっているようだ。それも、出世をあきらめて、趣味に生きているような、中年の守りの生き方だ。

ここまで述べた「子どものまま」でいる若者の生き方の特徴を、以下に箇条書きにしてみよう。これらは、思春期の、より若年層の若者に多く見られる。

・いつまでも遊び感覚が抜けない。また、いつまでもファンタジーを好み、バーチャルな世界で満足し、リアルな世界にコミットすることは避けている。

・変わろうとしない。趣味も好みも大人のスタンダードに合わせず、自分の好みを維持する。甘党が増えているのも、そのためだろう。社会に参入しなくてはならないという気持ちも希薄だ。

・人との関係が友達感覚であることが多い。すぐ遊べる関係だけを求める。緩い関係を好む。すべての対人関係がフラットな関係だ。だから、年上や目上の人にも気後れすることがない。

・時間感覚が断片化しており、長期的なプランがない。だから、キレやすいし、すぐ答えを欲しがる。将来に向かって努力もせず、流されて生きるようになる。自分の行為に対する深刻さに欠ける。思い付きの行為が多い。

・コミュニケーションも、その場その場での断片的な、反射的なものになっている。

・もろい自己愛を持ち続ける。だから、傷つきやすい。いつまでも親離れしない。親と仲が良い。

一方で、学生の言動に見られる特徴からは何を感ずるだろうか。

彼らの生き方には「安全第一に生きる」「重い責任は負いたくない」「すべてを『それなり』にこなす」「身の丈に合ったものを選ぶ」「興奮よりも安定が優先」「今のレベルを維持したいと思う」という特徴が目立つ。

これらの特徴に、調査や臨床で見られた特徴、「内向きになっている」「将来のために努力しない」「変わろうとする意欲がない」「理想像との乖離に悩まなくなった」「社会の求める理想像という意識がなくなった」を加えると、いかにも、「こぢんまり」と「まったり」した生き方が見えてくる。それも、あきらめを含んだやさしさのある生き方だ。夢を追いかけるのでもなく、日常を大切にし、内向きで省エネ的だ。そして淡々としているから、モノトーンなムードを漂わせることになる。どこか若者はモノトーンなのだ。

やはり、失われたものは、どう見ても「青春」だ。もはや、若者には、幼虫から成虫になるための脱皮のエネルギーが失われたのかもしれない。青春とは、未来へ向かい、苦しみと希望に満ちた脱皮のプロセスそのものだ。それが失われた。とにかく変わろう・変えようという意欲も発想もなくなった。

それには、すでに述べたように、社会状況として、成長神話が消え、理不尽が消えたことが大きく関与している。社会が成熟して中年化すると、若者は敏感にそれを察知し、自らの生き方をそれに合わせるものなのかもしれない。

ある作家が「夢があるうちが青春、夢を失ってからが人生」と言っていた。今の若者は、地味ながら「人生」をそれなりに生きている。人生には、青春にはない味わいがあるのも確かである。これは成熟社会の宿命かもしれない。

「成熟社会の宿命」だけでは説明がつかない

ただ、わが国の若者には、たんに成熟社会の宿命では説明のつかないさまざまな変化が起きている。主体性とコミュニケーション能力の低下である。

背景にあるのは、何といっても、溢れるシステムとバーチャルな世界の影響だ。これは昔の裕福な家にもない、史上初めての現象だ。システムに順応してきたから、主体性が低下した。システムとの関係はどうしてもワンパターンとなる。だから、気が利かず、不器用になった。この点は、第一章で紹介した宮崎駿氏の指摘どおりだ。

子どものころから、どこに行ってもシステムがあるから、真綿でくるまれているような閉塞感だけがある。そのさまざまに用意されたシステムの中から、リスクのないものを選び、それなりの幸せを求めるようになる。まさに前述のHさんのような、ベターな、間違いのないものを選ぶだけの生き方になる。

ネットでのやり取りは、短く、断片的なことが多い。そのため、多くのやり取りをネットに依存していると、コミュニケーション能力が低下する可能性が大きい。また、断片的な時間軸で生きていると、プラニングが苦手となり、個人固有の物語・歴史性を失う。そのためか、巷では、アドリブや瞬間芸が飛び交うバラエティー番組が溢れている。

人との付き合いで距離を保つことができ、自分の狭い世界で黙々と過ごすことも許される。その世界からは出ないようにしながら、他方で、一人になってしまわないよう、緩やかなかかわりで多数の友人らしき人とネットでつながる。はっきりした絆と孤独とのメリハリがない。いわば、ぼんやりした孤独だ。このような孤独も、人間が有史以来初めて体験することかもしれない。

バーチャルな体験は、どうしても生きる手ごたえのようなものが希薄になる。気に入ったものが容易に手に入るので、リアルな世界のどこかに傷のあるものでは満足しなくなり、リアルな世界とのやり取りの面倒くささも避けるようになる。実は、生きる手ごたえは、面倒なものから得られることが多い。それが失われる。

これらの変化はすべて、子どものままの生き方を促進するという点で共通し、若者の臨床像ともつながる。いや、このような傾向がより強くなると治療が必要となり、臨床的な問題となるのだろう。

若者のアスペルガー傾向が進んでいる？

これらの傾向を一言で言うと、エネルギーの低下と主体性の低下を除けば、発達障害、とくにアスペルガー障害の特徴と重なるということだ。アスペルガー障害者は、人の気持ちを読むのが苦手で、一方的なコミュニケーションをしがちで、ワンパターンで不器用だ。そして、自分の気持ちを語ることが苦手で、興味を持つものに偏りがあり、偏食にもなりがちだ。これらも最近の若者の特徴に重なる。

アスペルガー障害の症例数は急激に増加している。このことは疾患の診断が正確になされるようになったこととも関係しているが、その要因を越えた増加だと思う。

アスペルガー障害には、遺伝的要素も大きいと言われるが、最近の若者に蔓延するアスペルガー傾向（正確にはアスペルガー障害の傾向）は、それだけでは説明がつかない。私自身は、社会状況の変化が大きく影響していると考えている。

アスペルガー障害の基本的な問題として、人の気持ちがわからず、すべてをものとして認識する傾向がある。たとえば、人の顔を見ても、表情からその人の気持ちを理解する脳の部分が働かず、ものを認識する部分が働くという説がある。他方、彼らは、すべてをパターン化・システム化して処理する能力には長けている。

すでに触れたように、幼児期から多数の家族メンバーで暮らしていれば、人の気持ちを読み、群れの動きを察知することが何よりも大切になる。しかし、いまや、人との親密で多様な体験は量・質ともに激減している。それに代わって、テレビ番組やウェブなど、人の気持ちとは関係のない情報が溢れている。人の気持ちを読む訓練がなされず、ものや情報そのものとの関係が優位な環境で育つことになる。

そのうえ、たとえば母子家庭であれば、母親の子どもの気持ちを察する能力が低いと、子どもが人の気持ちを読む能力を身につける機会が格段に減る。家族のメンバーが少なくなれば、多かれ少なかれ、このようなことが起きうる。

岡田尊司氏は『アスペルガー症候群』という著書で以下の報告を紹介している。イスラエルに移住した家族の子どもの広汎性発達障害（ほぼ自閉症とアスペルガー障害を合わせたもの）の有病率を調べたところ、ヨーロッパからの移住者の子どもはイスラエルで生まれ育った子どもと同じレベルであった。それに対して、アフリカからの移住者の子どもには、まったく見当たらなかったとのことである。この事実については、いろいろな解釈が可能であるが、少なくとも、社会環境要因が関与しているのは間違いないということだ。

第一章で触れた三沢直子氏の描画テストで、小学校6年生の統合能力が落ちているという報告に触れたが、アスペルガー障害者は、統合能力が低いという説もある。そういったことを併せて考えると、やはり、子ども全体において、アスペルガー傾向が強まっている可能性がある。先進国に親和性の高い障害とも言えるだろう。

ビル・ゲイツもスティーブ・ジョブズもアスペルガー障害だと言われている。テレビ番組「相棒」の杉下右京、「ガリレオ」シリーズの天才物理学者、湯川学も、アスペルガー的と言えなくもない。このようなタイプが人気を博しているのは、視聴者に何か響くものがあるからかもしれない。

すでに述べた修論の指導を受けに来た学生も、一方通行のコミュニケーションでありアスペルガー傾向を持っていたとも言えよう。学生にも、このような傾向は目立つようになっている。臨床では、アスペルガー的なケースが溢れてきている。とくに、確定診断としてアスペルガー障害とするほどの特徴が希薄な、軽度のアスペルガー傾向を持つ若者や子どものケースが急増している。すでに述べた対人恐怖症・不登校においては、あきらかに、この種の傾向を持つケースが急増している。

今後とも、若者のアスペルガー傾向は進んでいくものと考えている。

不幸ではないが、ぼんやりと不安

もう一つ、現代の若者に特徴的なのが、「漠然たる不安」だ。第一章で言及した大学院生が抱いていた不安だ。若者は今、漠然たる不安を抱いている。そのことが、「動かない」「省エネ」「こぢんまりと生きる」「家族から離れない」ことに大きく影響していると思う。現代の若さを象徴するのは、怒りではなく不安のようだ。古市憲寿氏の指摘のとおりだ。

不安だから、行動範囲を最小限にしようとする。その結果、動かなくなる。なるべくリスクのあることは避ける。他人の領域に、なるべく踏み込まないようにする。小さな危なげのない幸せを求める。これは、中年の守りの生き方に似ている。しかし本来の中年とは、生き方が、あきらめも含めて安定し固定化することから守りに入る。不安からではない。その点は、中年的な若者と大きく異なる。

傷つくことへの不安も大きい。そのため、表面的な付き合いを好む。SNSは、傷つきたくない彼らにとって、ほどよい距離感のコミュニケーションだ。しかし、そのSNSのやり取りにおいてさえ、多くの若者が傷ついている。

今の若者は、行く当てもなく、皆が歩いているであろう方向に、スマホでメールをしながら一人でとぼとぼと歩いている旅人のようだ。行く先々で、それなりにものが用意されているので、ぜいたくを言わなければ、旅は苦労しないで続けられる。彼らは贅沢は言わない。与えられた風景を何となく眺め、与えられるごちそうを食べ続けることで、それなりに満足する。決して不幸ではない。

このわけのわからぬ「ぼんやりとした不安」については、バブルがはじけたことによる経済状況の低迷と閉塞感に由来すると説明されることが多い。しかし、私は彼らの生い立ちにおける対人関係の在り様の変化こそが、大きく影響しているものと考えている。以下にその点を述べる。

狭い世界の身近な理不尽が押しよせる

現代の若者が生まれた時には、すでに子育てのモデルが失われていた。基本的な家族形態も崩れはじめ、家族内の機能が働かなくなっていた。親、とくに母親は、信ずる価値観もなく、見習うものもない中で、一人心細く子育てをすることになった。しかも、核家族化が進んだため、家には、母親しかいないことが増えた。現代の母親はこれまでになく孤立している。

「3人育てて、初めて母親になる」ということわざがある。母親も3人以上育てれば、子育ての経験が豊富になり自信もつくということだ。今は、二人までの世帯がほとんどである。自信を持った母親に育てられる子はきわめて少ない。「肝っ玉母さん」は消えてしまった。そうやって不安な中で育てられた世代が、親になる時代を迎えている。不安が世代を超えて増殖しつつある。

不安を抱え、無力感を抱え、他者への不信感を抱く若者が増えているのは、虐待はもちろんのこと、母親の不安やイライラにさらされて育つことと無関係ではない。心に小さな傷を負った子が、ひっそりと生きようとするのは自然な成り行きだ。

しかも、第四章で触れたように、学童期になると、自然発生的な群れ体験でもまれないまま学校に集められる。そのため、自分ではコントロールできない原始的な攻撃性が、あからさまに溢れてしまう。それが「いじめ」だ。弱い者は攻撃しない、強い者は全体を守るという群れのルールは、自然発生的な群れを経験していないと身につかない。

臨床で出会う若者ばかりではなく、大学生などに聞いても、学童期・思春期に「いじめ」を体験している子は驚くほど多い。いじめは、傍観しただけでも深刻な傷を心に残す。

何とか思春期までに深い傷を負わなかった子も、思春期になると、答えのない社会で、自己選択を求められる。そこで、自らの主体性の弱さや、自己選択性の弱さに直面する。そのため、何をどのようにすればよいかまったくわからなくなる。仕方なく提示されたものの中からとりあえず選ぶしかない。

また、思春期は、孤独を意識し本当の仲間や友人を求める年ごろだ。これは昔と変わらない。しかし、さまざまな関係を体験せずに育ったために、人とどのようなコミュニケーションをとればよいかがわからないまま、承認不安に基づく承認ゲームに振り回される。

そのうえさらに、空気を読むことも強いられる。先ほどの学生が話したスクール・カーストの階段のように、自らの立ち位置をいち早く自覚して、それから外れないように、目立たないように過ごさなくてはならない。

若者たちは、個性を大切にしなさいと言われつつ、空気を読むことを強いられるという微妙な思春期を送る。そこでは、与えられたシステムから外れないように、ソコソコに課題をクリアしてひっそりと生きるしかない。

ソコソコにクリアできなくなると、戸惑い苦しみ、結果、培養植物的に自分の世界を限定して生きようとするか、クラゲのようにフワフワと生きるようになる。そのため、思春期になると、ひきこもりや非行のような問題行動がはっきりしてくる。

やがて、大学に入る。大学も、いまや学生に対して至れり尽くせりの時代だから、多くの若者が、比較的無難にクリアしていく。しかし、卒業すると、突然、激しい生存競争の枠組みに投げ込まれる。そして、多くの若者は、ひたすら、システムの中で順応する生き方を黙々と続けようとする。これが、若者にとって唯一、生き残るためのかたちなのだ。そしてそこに躓《つまず》いて途方にくれると、容易に「うつ状態」に陥る。

このような生い立ちを考えてみれば、若者が絶えず「ぼんやりとした不安」を抱き、守りの生き方をするのは、仕方がないと言えよう。社会的な大きな理不尽は消えたが、狭い世界の身近な理不尽が、次から次へと彼らを待ちかまえているのだ。

10歳までの育てられ方が一生のベースをつくる

このような中で、私が今もっとも危惧しているのは、今後、養育格差社会が生まれるのではないかということである。いや、すでに生まれているのかもしれない。

現代のように社会が多様化し拡散した世界では、家族だけが人を支えるセーフティネットとなる。だから、若者が家族を大切にし、家族から離れなくなっているのは、自然な流れである。家族以外の有機的な「群れ世界」が消えた今、子どもを健やかに安定した人物に育てるのは家族だけになっている。

私は、心の健康・強さというのは、学童期（4歳から10歳前後）の育てられ方にかかっていると臨床経験から確信している。つまり、学童期こそ、個人の生き方・ライフスタイルのベースができる重要な時期だと考えている。言い換えれば、学童期こそ、世の中をどのように渡っていくかという生き方を身につける時期だと考えている。

学童期は、柔らかい粘土が固まるように、心が固まりつつある時期である。つまり、いまだ外からの刺激によって変化しやすい時期であると同時に、少しずつ固まろうとしている時期でもある。

このあとに続く思春期では、すでにかなり固まる。つまり、思春期とは、すでに述べたように自意識の発達により、ある程度固まった自分自身の在り様に気づき、その欠点・弱点に気づき、このままではダメだと自覚し、苦しんだり、荒れたり、あきらめたりする時なのだ。それは今も昔も変わらない。

心理療法の一つの学派であるアドラー心理学（個人心理学とも呼ぶ）においても、生きる設計図となるライフスタイル（「世の中」「自分自身」「理想の自分」をどのようにとらえるかという考え方のスタイルを意味する）は、4歳から10歳の間に形成されるだろうと言われている。この他にも、この時期に生き方のベースが決まるという報告はたくさんある（拙著『10歳までの子を持つ親が知っておきたいこと』参照）。

それゆえ、この学童期の養育環境こそが、その子の一生に大きく影響する可能性が高い。

経済格差より深刻な養育格差

では、学童期の養育環境は、その後の人生にどのように影響するのだろうか。パターン化して述べると以下のようになる。

かかわりが濃すぎるパターン

すでに触れたように、現代は、どうしても母親が一人で育てる環境が増えている。そして、孤立した母親は不安を抱えることが多い。そのため、日本人特有のきめ細かさで、子どもが困らないように先取り的に世話を焼いてしまう。それは、一昔前の教育ママのような高圧的なものではないが、知らないうちに、子どもの主体性をダメにする。

子どもは母親の不安を感じ取って、言われたように行動するようになる。そのため、学童期は素直で良い子として育ち、先生の言うこともよく聞くので、とてもうまく生きていける。しかし、思春期になると、自分から動く必要が出てくる。自分で自分の気持ちに沿って物事を決めなくてはならなくなる。それができない。主体的に動けない。それはとても苦しい。

そのことに気づいて、もう皆の中でやっていけないと思うと、ひきこもる。ひきこもった後は、親が世話をし続ける。本人はネットにはまって過ごす。このような流れで培養植物的な生き方が生まれる。親と子どもとの関係が近すぎる問題とも言える。

かかわりが希薄すぎるパターン

家族の関係性が希薄すぎる場合も問題が起きる。親が気まぐれで遊んでばかりいるとか、何度も結婚・離婚を繰り返して安定した関係性が家庭になかったとか、家族を大切にするという思いが希薄で、家庭内に絆や規範が何もないような関係性で育てられると、子どもは、しっかりとした人間的なかかわりを体験できない。そのため、確たる安定した自分感覚を持てなくなる。親と安定的なしっかりとしたかかわりを持てないと、子どもに安定した確たる自分感覚が育たないのは、臨床をしているとわかる。

それでも、学童期はひょうきんな子であるとか、どこか抜けているところがあって人気者であったりするが、思春期に入ると、その場その場で合わせる生き方に疲れ、不登校になって、近所をふらつくか、友達らしき相手の家を転々とするようになる。つまり、クラゲちゃんになる。

南条あやさんの家庭も、家族との間に、安定感のあるしっかりしたかかわりがなかったようだ。マリリン・モンローも、幼児期から学童期は悲惨な成育環境であった。川崎の事件における被害者・加害者少年の家庭も、報道された情報から察するに、安定したしっかりした枠組みや関係性が希薄だったようだ。

安定した信頼感のある関係性がないという意味では、虐待を受けた子も同じだ。そのような問題を抱えたまま、保護された養護施設を飛び出したりすると、まったく、世の中とのつながりがなくなる。もともと人とのつながり方がわからないのだ。そのため、容易に、「最貧困女子」に陥ってしまう。

つまり、思春期以降のさまざまな問題は養育環境にあるのではないかと考えている。しっかりした主体性や自分感覚が育てられないまま思春期を迎えると、拡散した社会や、溢れる情報・ものに囲まれて、それに頼ってひきこもるか、混乱しつつ漂うようになる。

きわめて恵まれたパターン

逆に、今の時代は、養育環境に恵まれるとトップレベルに上れる時代でもある。

このタイプの良いモデルを、テニスプレーヤーの杉山愛さんと錦織圭選手の家庭に見ることができる。

両家庭とも、家族の絆は安定している。そして親の好きなテニスを、家族ぐるみでしていたようだ。とはいえ両親は、テニスを無理に押し付けることもなく、子どもが興味を持つさまざまなスポーツをさせていた。

たとえば、錦織選手は3歳でスイミングを始め、5歳でサッカーを、7歳からは野球も始めている。そのうえ、ピアノ教室にも通っていた。大好きなサッカーは4年生まで続けていたほどだ。テニスに専念したのは12歳からで、親の勧めで、フロリダのテニスアカデミーに留学することになった。

また、両家庭とも、スポーツが家族の絆になっているとともに、家族の団欒の場になっていたようだ。「家族で楽しくテニスができればいいね」という気持ちが根底にある。緩やかな中に、家族の関係性がしっかりとできている。

また、愛さんの母親の杉山芙沙子さんは、子どもとのコミュニケーションをとても大切に思っていたようだ。そして、楽しみながらわが子をサポートし続けた。一流のアーティストやアスリートの親に共通している点は、サポートへの集中力とエネルギーの高さである。彼女はこのように述べている。

「私も愛が小学生のころは、学校とテニスクラブを毎日のように車で送り迎えして、お弁当も準備も欠かさず行っていました。全力で彼女をサポートしてきました。私自身も、その時間がとても楽しかったのです」

いまや、一流のアスリートやアーティストを育てるために、親の一貫した積極的で粘り強いサポートは必要条件となっている。水泳の萩野公介選手の母親も、小学校のころ、毎日、往復2時間かかるところを送り迎えし、食事についても徹底的に勉強したと言っている。全盲のピアニスト辻井伸之さんの母親も、熱心に彼をサポートしたことが知られている。

このように養育環境を比べてみると、養育格差の恐ろしさがわかっていただけると思う。しかし、ここまでに挙げた三つのパターンは、やや極端な例であった。平均的な家庭はどうであろうか。

平均的なパターン

平均的な家庭では、やはり自信のない母親が孤立して子育てをしていることが多い。そのため、子どもも不安を抱えやすい。また、全体に手をかけすぎの傾向があり、主体性や自分で動く力が落ちやすい。

親自身も夢や希望を持てず、どうすれば幸せになれるかが不確実な世の中のため、それなりに間違いのない生き方をさせたいと思うようになっている。当然、子どももそう考えるようになる。親は「それなり」に子どもの幸せを願い、子どもも「それなり」に幸せ感は抱いている。すべて「それなり」だ。承認ゲームなどに振り回されながらも、家族を支えにして、何とかこなしていく。

一方で、一人っ子、二人きょうだいが多いので、子どもはずっと大切にしてもらえる。その結果、子どものままの自己愛を抱えていく。親子関係も、友達のような関係がいつまでも続き、自立を迫られることもない。変わる必要もない。恋人よりも親との関係が大切で、恋愛や結婚の比重は小さくなる。なぜなら、別れればそれまでだからだ。

いまや家庭の周りから絆の深い「群れ社会」が消えたため、養育環境で受けた影響が群れ体験によって修正されることがなくなった。たとえば、家庭で大切にされなくとも、子どもの世界で、遊びがうまい・喧嘩が強いなどで、自分の価値を確認できる場所がなくなった。家庭以外に、子どもに親身になってくれる人がいなくなった。だから、家庭の養育環境がそのまま若者の生き方に影響する。

一方で、親のサポートで世界レベルに上りつめる子がいれば、一方で、最貧困層として生きなくてはならない子がいる。養育環境の格差は、経済的な格差より深刻なのである。

いまや、スポーツでも芸術分野でも政治家でも医者でも、専門的な仕事に就くには、家族の支援が不可欠になっている。実際、二世、三世の議員・選手・アーティストが増えている。私の周りにも、親の影響で医者になっている若者が多い。今後、養育格差はますます大きくなり、社会は硬直化していくに違いない。

親は子をどのように育てればよいのか

ここまで述べてきたように、今の若者は、狭い世界の身近な理不尽にさらされて育つ。そのような理不尽に疲れると、ひきこもるか漂うかどちらかになってしまう。そのような生き方を促すのが、溢れる情報であり、バーチャルな世界だ。

しかし、一方で、そのような理不尽にもめげず、節度よくものを選び、適度にバーチャルな世界を楽しんでいる伸びやかな若者もいる。その違いは何か。

それは経済的な問題でも、学校教育の問題でもない。養育環境の違いだ。経済的な問題も学校教育の問題も、同じ時代であれば条件は同じだ。「子どものまま中年化した生き方になっている」という共通点はあっても、今の時代を楽しんでしっかり生きている若者は少なからずいる。少なくとも、親としては、そのような子に育てることが重要だろう。社会はすぐには変えられないが、養育態度は変えられる。

それでは、どうすればよいか。私なりの考えを述べたい。やはり学童期までが勝負だと思う。

安定した親・安定した家族のかかわりが何より重要

母親が中心になるが、父親でもよい。親の安定した熱心なかかわりが何より大切である。子どもの自分感覚は、安定して一貫した母親的存在の共感・かかわりが育てるものだ。これをどのように実現するかが大切となる。

それには親の不安を少なくし、子どもに集中できる余裕のある状態にすることだ。それゆえ、夫婦の協力が大切になる。また、子育てしやすい社会をつくることも重要であろう。子育て支援や母親教育なども効果があるかもしれない。

親一人・子ども一人の環境であっても、基本的な強さが育たないわけではない。しかし、すでに述べたように、孤立した育児は不安が伴いやすい。夫婦の協力があれば、不安がかなり軽減することは、調査からも確認されている。より望ましいのは、三世代のような拡大家族で育てることだ。同居は、いろいろ問題が起きる可能性があるので、「近居」のようなインビジブル・ファミリーが理想的かもしれない。それは一昔前の家族環境に近い。

『ちびまる子ちゃん』の家庭は三世代家族だ。まる子は、あまり理解がなくわがままな父親、いつも忙しくしているがやさしい母親、時々ライバル心を燃やして意地悪だが、何かと頼りになる姉、そして、自分の少しバカバカしいファンタジーを共有してくれる祖父、ほとんど静かに過ごしている祖母という、多様性のあるメンバーの中で育っている。まる子のような家庭環境で育つと、自ずと多様なコミュニケーション能力が育まれる。いろいろなメンバーとのさまざまな体験を通じて、立体的な自分感覚が育ちやすく、多様な選択肢から自分に合ったものを選ぶ力も育ちやすい。

どうしても一人で育てなくてはならない時は、相談できる専門家を利用することもお勧めしたい。介護もそうであるが、人の世話をするにあたっては、いろいろ迷うし他者の助けが必要となることが多い。私のような精神科医やカウンセラーを一人、いつでも相談できる人として確保しておくことをお勧めする。

学童期は一人で生きる力を育てる時

親の安定したかかわりは幼児期から学童期まで必要であるが、学童期に入ったら、子どもが一人で生きていく力を育てるという方向性が必要となる。

まず、大人扱いをすることが大切だ。自分のことはなるべく自分でさせるようにする。自分の持ち物は自分で管理させるようにする。そして、選択に対しては、本人に任せて試行錯誤させるべきだ。失敗からは多くを学べる。そうすることで、子どもは迷いながらも自分で決める力を育てていく。

たとえ一人親の家庭でも集団生活だ。ましてや拡大家族であればルールが必要だ。夜は何時に寝る、他者に迷惑になることはしないなどのルールを親も守りながら、子どもにも守らせるようにする。お小遣いも定額制にしたほうがよい。それを超えて欲しがる時は、しっかり理由を言わせて、話し合いで決める。もちろん、希望を却下することもある。現代は、社会の規範がなさすぎるために、生きる枠組みが育ちにくい。家庭の中で、皆で生きる基本的な枠組みを育む必要がある。

そして、子どもが興味を持つことをいろいろ試させるのがよい。この時期は、子どもの好奇心がもっとも旺盛なのだ。まだ一人ではできないことが多いため、親はそれをサポートすることが必要だ。

ここまでの条件がそろえば、健康な子どもが育つと考えられる。つまり、これらの養育態度が、子どもの主体性・確たる自分感覚を育てる必要条件なのだ。

次により望ましいと考える条件を述べたい。

枯渇感を体験する

先日、大腸ポリープをとるために1日半、絶食した。1日過ぎたころには、空腹でたまらなかった。やっと食べることが許されてパンをほおばった時は、何とうまいものかと強く感じた。やはり、空腹感・枯渇感というものは、生きる力を体に感じさせるようだ。その時に思った。もしかしたら、子どもたちにも、月に1日程度、絶食させることがあってもよいのではと。つまり、1日のラマダンをさせるということだ。もちろん、親も一緒にしなくてはならない。

これは極論かもしれないが、少なくとも、子どもにものを与える時は、少なめにするべきだと思う。ものが溢れていると、手にした時の喜びは薄い。また、一度持たせたら、それを大切に使い続けるようにさせることだ。いつでも替えが可能なものには強い思いが伴わない。失うことに伴う切なさも感じなくなる。ネットを使う時間も制限すべきだ。制限のある時間だから、貴重になり大切にする。

体で覚える体験をする

歌舞伎や能などを伝承していく家では、子どものころからマンツーマンで、体で覚えさせる訓練がなされる。学童期は、体で覚える力がもっとも強い時である。横峯吉文氏は、幼児教育の経験から『天才は10歳までにつくられる』という著書の中で、「運動神経は6歳までに鍛えることが大切であり、3歳から10歳までの毎日の『読み書き・計算』そして『体操』のシンプルな学習法が最も効果的であることを28年の経験から知りました」と書いている。私は、体で何かを覚える時、子どもは身体感覚を通じて自分感覚を強化すると考えている。

それゆえ、スポーツでもよいし、アウトドア体験でもよい。家庭の仕事を手伝わせるのでもよい。料理などはとくに良いだろう。農業や漁業などの仕事やものづくりの仕事であれば、この時期に、継続的に手伝わせるのがよい。

体で覚え、外界に働きかけて何かができるようになるという体験は、手ごたえのある自分感覚を育てるばかりでなく、健康な自信も育むだろう。

親が何か大切なものを持つ

すでに述べたように、いまや子どもも若者もフラットな世界で生きている。自分を超えたものに触れる体験がない。親に信仰する宗教があれば、それを押し付けることなく、いろいろな行事に参加させることは、子どもに何か個人を超えた大切なものがあることを感じさせるだろう。何も、神のような存在でなくてもよい。先祖代々伝わっているものを大切にするのでもよい。

また、親が誠心誠意に大切にするものを持つことは、子どもにもそのような姿勢を育てることになる。ペットでもよい。植物でもよい。ボランティア活動でもよい。大切にかかわるという生き方を示せると素晴らしい。もちろん、育児の大切さと逆転してしまってはいけないが。

以上のようなかかわりの中で、子どもを育ててほしい。社会に目的もなく、規範もなく、頼れるものがない時代、家族しか頼れない世の中では、家族のかかわりが決定的に大切になることは間違いない。

新しい若者・新しいがんばり方

ここまで、若者の、どちらかというとマイナスの変化について述べてきた。しかし、私は、嘆いてばかりいるのではない。また、昔に帰ればよいと考えているのでもない。本当にエネルギーの下がっている子どもや若者もいるが、静かに、与えられた枠組みの中で、黙々と努力する若者たちも増えている。何か新しい生き方が生まれつつある気配を感ずる。

アスリートを見ても、若者は変わってきている。スポーツ選手の活躍は、国の浮き沈みと連動するばかりでなく、社会の変化を先取りする傾向があるように思う。

1964年の東京オリンピックでは、日本は16個の金メダルを獲得して大躍進した。この時は、高度成長のエネルギーがわが国に溢れていた。そして、鬼の大松に率いられた女子バレーボールチームは、理不尽とも言えるトレーニングに耐え、日の丸を背負って何とか金メダルをとった。サディスティックとも言えるトレーニングの様子は、連日、放送された。厳しい練習をして苦しみに耐えて栄冠を獲得したことが、国民すべてから絶賛された。

ところが、スポーツ界は徐々に力を失っていった。とくに、1988年のソウル大会から2000年のシドニー大会までは、金メダルは3〜5個の獲得にとどまった。日本のお家芸とされた水泳も体操もバレーボールも卓球も低迷していった。この時期こそ、変わり目だったような気がする。つまり、戦前から続いていた精神性が消えた時代であった。

そして2004年のアテネ大会。この時日本は、金メダル16個と、回復の兆しを見せ、その後は、さまざまなジャンルで強さを取り戻していった。もちろん、これには、トレーニングシステムが整備されたこと、また国の政策も影響しているだろう。しかし、私は、新しい若者が現れて、新しいアスリートが育ってきたことも影響していると思っている。そして、この新しいタイプのアスリートこそ、これからの若者の在り様を示している気がする。

彼らは、子どものころから、親のサポートをしっかり受け、用意されたトレーニングシステムを利用し、すくすくと才能を育てた。コーチも鬼コーチというよりも、アドバイザーのような態度で、親しい関係でサポートしていることが多い。そのためか、彼らには、悲壮感がない。大会に臨む時も「自分なりに楽しみます」という言葉が多く出る。そして、大会の雰囲気にのまれることなく、成績を出す。

日の丸を背負っていることでカチカチになることも少なくなっている。伸びやかだ。大きな物語のために必死になったかつての選手とは異なり、個人の物語の中で本人なりにがんばる姿が際立っている。彼らはしっかり練習している。やるべきことは、当たり前のようにやっている。与えられた環境で、黙々と与えられたプログラムをやり続け、自分なりにもコツコツとがんばるような子たちだ。気負うこともない。偉ぶるところもない。本当に子どもが楽しんでいるような様子に見えることもある。

このような新しいがんばり方が現れているような気がする。

植物的な生き方こそが時代に適う

アメリカでも、1960年代以降、「ジェネレーションX」と呼ばれる無気力な若者の時代が続いたことはすでに触れた。しかし、かなり前から、若者たちは、エネルギーを取り戻しつつあると言われている。最近では、大学生の80%以上が、社会活動に参加しているというデータもある。

しかし、参加の仕方が昔と全然違っている。彼らは、大学の教官が用意した社会活動を学ぶためのツアーに参加する。つまり、システムが用意されている。このツアーには、ホームレスを援助したり、国会議員と直接会って議論したりするといったプログラムが用意されている。学生たちはバスに乗って、次々とプログラムをこなしていく。そして、これをきっかけとして、自分の生活と両立させながら、地道に社会活動をこなすようになる。とても恵まれている。

１９６０年代の学生が、やむにやまれぬ強い思いから、自分のすべてをかけ、逮捕される可能性を押してまで、激しく戦ったのとは、まったく異なる社会参加だ。オバマ政権の誕生に貢献した世代とも言われている。

ある賞をとった建築家が、インタビューで語っていた言葉が印象に残っている。「昔の若い建築家は、大きな仕事をしたいと考えていたし、大物建築家になることが夢だった。そのために非常な努力をした。しかし、最近の若い建築家は、そういうことは求めず、地道に仕事をすること、そして、できれば、それが世の中の役に立つことを目指しているような気がする。だから、ボランティアの活動には多くが集まる」と。

日本の若者も、この方向に向かっているような気がする。自分の生活を大切にしながら、地道に活動を続ける若者たちが増えている。

多くを望まず、もの欲しそうでなく、人から奪おうとは思わず、大物になって権力を握りたいとも思わず、あるもので満足し、自分の世界を大切にし、大きな夢を描くこともなく、動かず、無理せず、群れず、静かで素直で心やさしい若者たちが増えている。

彼らは、与えられたやさしい環境ですくすく大きく育ち、ツタのように手足を伸ばし、自分のペースで一日一日を黙々と生き続ける。荒ぶる自然児や英雄の時代は終わり、植物的な生き方が適した時代になったとも言えようか。

やっと足元を見るようになった

考えてみれば、わが国の歴史は、どこか外に理想を求め、それに夢を抱き追い求める時代が長かった。しかし、日本人は、理想の世界は外にあるわけではないことにやっと気づいた。足元を見て、自分に合ったものを探しはじめた。日本の歴史に興味を持つ若者や、外国旅行より、伊勢神宮や出雲大社を訪れる若者が増えているのは、その表れだろう。若者の生き方が内向きになったということは、足元を見はじめたということである。

もともと日本人は、身近なものを大切にしながら、世俗的に生きてきたように思う。やっと振出しに戻って、身の丈に合った小さな世界、当たり前の世界を、ひたむきに生きる方向性に向かいはじめている気がする。

このような時に参考になるのが、江戸期の庶民の生き方ではないか。将来に何も期待できない時代であっても、人との関係を大切にし、清潔に、そして、いろいろな工夫をして生活に彩りを添えた時代と言われている。幕末に日本に来たある外国人が、このような姿を見て、「中世の貴族に生まれるならイギリスの貴族、近世の市民として生きるなら江戸の市民がよい」と記している。江戸の町衆は、「お互いに明日はあの世かもしれない。だから、今日のお付き合いを美しく、大切に楽しくしよう」という一期一会の精神で暮らしていたという。

最近は「江戸」ものも流行している。それと同時に、食文化をはじめ、日本のさまざまな技術や精神性が見直されてきている。「クールジャパン」だ。自国の文化の価値を認められることはとても良いことだ。日本に生まれてよかったと答える若者も増えている。

日本人は、巨大な理論体系を構築したり、パラダイムシフトを起こすような革新性には、やや欠ける気がする。精神医学の分野を見ても革新的な研究はほとんどない。他方、あるジャンルや方法をきめ細かに磨き上げる力はきわめて優れている。技術分野でも、芸能の分野でも、この職人的な力が生きてくる。技術立国を目指すのは間違いではないだろう。

考えてみれば、子どもの遊び心を持ちながら、中年期的な安定感のある生き方ができれば、それは素晴らしいことだ。子どものような遊びの世界を持ち、バーチャルなものも楽しみながら、自国の文化に根づき、自分の生き方と身近な人を大切にし、やさしい気配りができ、決して人の領分は侵さず、省エネを意識し、エコを大切にする。新しい若者たちは、そのような生き方を望んでいる。

「森は静かに燃えている」とは、私の好きなロマン・ロランの言葉である。植物的な生き方には、動物の元気さはないが、静かな強さがある。もともと日本人は、四季の変化を楽しみ、時の流れに身をゆだねるような植物的な特性を豊かに持っている。それを最大限に生かし、しっかり根づいた芯の強い子を育てることが、これから私たちが求める方向性ではないかと思う。

あとがき

若者の変化と現状について述べてきた。見ようによっては、期待しつつも、新しい世代に対して悲観的な内容だったかもしれない。

メソポタミアの古代文明の文書に、「最近の若者には困ったものだ」ということが書かれているという。ギリシャのヘロドトスも似たようなことを言っている。どうも、年寄りが若者を批判するのは、人類が繰り返す営みのようだ。

しかし、やはり、若者たちと接していて感ずるのは、エネルギーが少なく、淡々として黙々と与えられた日常をこなしているような生き方だ。どこかモノトーンなのだ。

このモノトーンな若者の見せる世界を象徴する文学作品がある。村上春樹氏の『色彩を持たない多崎つくると、彼の巡礼の年』だ。その主人公は、「色彩を持たない」という言葉に示されたようにモノトーンなのだ。

以下に、主人公の「多崎つくる」の特徴が、如実に描かれているところを抜粋する。

多崎つくるだけがこれという特徴なり個性を持ちあわせない人間だった。（中略）最低限の予習と復習は欠かさなかった。小さいときからなぜかそういう習慣が身についていた。食事の前に必ず手を洗い、食事のあとで必ず歯を磨くのと同じように。

顔立ちは整っていたし、人からも時折そう言われたが、それは要するに「とりたてて破綻がない」というだけのことだ。彼自身、鏡で自分の顔を眺めていて、そこに救いがたい退屈さを感じることがしばしばあった。芸術方面に深い関心があるわけでもなく、これという趣味や特技もない。どちらかといえば口が重く、よく顔が赤くなり、社交が苦手で、初対面の人と一緒にいると落ちつかなかった。

すべてにおいて中庸なのだ。あるいは色彩が希薄なのだ。

自分の中には根本的に、何かしら人をがっかりさせるものがあるに違いない。色彩を欠いた多崎つくる、と彼は声に出して言った。結局のところ、人に向けて差し出せるものを、おれは何ひとつ持ち合わせていないのだろう。いや、そんなことを言えば、自分自身に向けて差し出せるものだって持ち合わせていないかもしれない。

たしかに多崎つくるはこれまでの人生において、不足なくものを手に入れてきた。欲しいものが手に入らずつらい思いをした経験はない。しかしその一方で、本当に欲しいものを苦労して手に入れる喜びを味わったことも、思い出せる限り一度もない。

要するに葛藤もなく、理不尽に怒ることもなく、欠乏感もなく、動物的なエネルギーもなく、自分感覚そのものが希薄なのだ。

また、主人公は、周囲の友達のような存在にも振り回されている。何とか合わせているだけだ。臨床的には、「ふれあい恐怖」的であり、最近の不登校の子の心の在り様にも似ている。そして、淡々としている。『ノルウェイの森』や『海辺のカフカ』などとも共通しているのは、主人公の独特のモノトーンさだ。

他の登場人物には活動的な男性もいるが、そこに満足な意義を見出している者は一人もいない。ただ、忙しそうにしているだけだ。この生き方も現代的と言える。

女性は、生活感のあるタイプ（このタイプの女性に主人公は性的に振り回される）と、わけもわからないまま死んでしまう妖精・亡霊のようなタイプしか現れない。

そして、異界というかファンタジーというか、そういった世界と日常が簡単に交錯するのも独特のスタイルだ。モノトーンな日常とファンタジーの世界が淡々と続く。たしかに、現代の心象風景を描いているものと考えられる。ここには『なんとなく、クリスタル』のような、リッチな生活をそれなりに楽しむ感覚はない。それよりも生きる手ごたえのなさと倦怠感が際立っている。

村上氏の両親はともに国語教師で、一人っ子として育っている。年齢的には団塊の世代に属するが、核家族、夫婦共働き、そして、不自由のない生い立ちから考えると、私が語ってきた、子どものまま中年化するモノトーンな世代に属する作家だと考えている。『色彩を持たない多崎つくると、彼の巡礼の年』は100万部、売れたという。それだけ現代の人に響いたのだろうか。「何もかも溢れているのに、何もない」心境に共感したのだろうか。

いまや、国際情勢からも、環境問題からも、現在の豊かさがもろいものだということに、皆が気づきはじめている。そして、新しい貧困も身近になっている。何となく、このままではまずいのではないかと、それなりの不安を抱いている。何かざわつきはじめてはいる。

しかし、いまだ深刻にはなっていない。そのうえ、何となく身動きのとれない状態にあるように思っている。世の中は変わらないと思っている。巨大なシステムの前では無力だと思っている。そのため、若者の社会変革への動きは鈍い。

一方で、今の時代は素晴らしい面も持っている。豊かであるとは、飢えることを恐れて、餌のことばかり考えなくてもよいということだ。一人で生きていけるということは、無理に群れに入ることもなく、群れの要求する役割や規範からも自由でいられるということだ。一人が心細ければ、ネットでの緩い関係も可能となった。

いろいろなシステムが用意されているとは、それを利用できることでもあり、一気に世界を広げることもできるということだ。また、何であれ選択肢が豊かだということだ。つまり、動物として持たざるをえない欲望や恐れから自由になり、群れのしがらみからも、ある程度、自由になれることを意味する。これは、素晴らしいことだ。

最近の何の傷もないような無邪気な若者や、趣味の延長線上で成功している若者を見ると、現在の状況が良い形で機能していると思う。あらゆる時代が、良い面も悪い面も持っている。理不尽さもなく、生存競争もない、豊かな世界で育つと人はやさしくなる。もの欲しそうでない上品さを備える。それは素敵なことだ。

現代的な若者を代表するタレントは、向井理や妻夫木聡なのではないだろうか。大切に育てられた雰囲気を持ち、品の良さを漂わせている。しかし、内から溢れる迫力はない。若者からは、彼らのような「熱くない」ところが受けるのかもしれない。

いろいろ語ってきたが、私は、一部の活躍している若者に限らず、今の若者が好きである。やさしく、繊細で、素直で裏表がない。何より「えげつなさ」がない。気が利かなくてイラつくことはあるが、こぢんまりと身の丈に合った生き方の中で、それなりの幸せを求めようとしている良い子たちだ。自分のペースで日常をそれなりに生きている。

このような若者の生き方が定着して十数年たとうとしている。このような生き方は、もうしばらくは続くだろう。

ただ、何かもう少し、自分たちの存在意義を求めようとする動きが出てきているような気もする。日本の若者が、自国の精神性に根づき、正直で、マイペースで、人にやさしく、日常を大切にするという生き方から、新たな存在意義を見出せるようになったら、借り物ではない初めての生き方になるのではないだろうか。

今は過渡期にあるのかもしれない。次世代の若者には、このことを期待したい。

最後に、本書を書くにあたって、いろいろと協力してくれた立教大学臨床心理学専攻、早稲田大学発達心理学専攻の大学院の学生さんたちに感謝したい。また、作業の途中で、1年ほど日本を離れてご迷惑をおかけした幻冬舎の小木田順子さんに、お詫びするとともに、粘り強く編集作業をしていただいたことに感謝申し上げたい。

(なお、テーマが近いため、拙著『変わりゆく思春期の心理と病理』『10歳までの子を持つ親が知っておきたいこと』と、一部内容が重なる部分があることをお断りしておく)

二〇一五年五月

鍋田恭孝

本書関連年表

	子ども・若者の紛争・犯罪・臨床の動向	世の中の出来事
1950年代	（三池争議など大人の紛争の時代）	戦後復興の時代
1960年代	60年安保闘争	高度成長時代
1963年		「かぎっ子」が問題視される。「核家族」が流行語となる
1964年	**大学紛争激化** **高校紛争激化**	東京オリンピック テレビが普及しはじめる GNPが資本主義国で第2位となる
1970年代	家庭内暴力の増加	貧乏が消えていく 高校・大学進学率がうなぎのぼり
1970年		大阪万博
1971年		家庭用ビデオデッキが普及しはじめる
1973年		オイルショック
1975年		子どもたちがもっとも熱心に登校していた時期

1977年	開成高校生殺人事件 家庭内暴力に関する事件が続く 「校内暴力」の語が公式に使われるようになる 摂食障害・パーソナリティー障害の増加 経済的な理由ではない不登校児の増加 **家庭内暴力がピーク**	「モラトリアム人間」が話題となる
1980年代	**校内暴力・暴走族がピーク**	
1980年	川崎金属バット殺人事件	
1981年		『なんとなく、クリスタル』が話題になる
1983年		「ファミリーコンピュータ」発売
	「いじめ」が増加する	未婚率が増加しはじめる
1986年	中野富士見中学いじめ自殺事件	
1988年	子ども4人マンション置き去り事件	
	連続幼女誘拐殺人事件	「おたく」が問題視される
1989年	女子高生コンクリート詰め殺人事件	
1990年代	「いじめ」による事件が続く このころから、新しいタイプの対人恐怖症・「語れない」不登校生徒が増えだす	バブル崩壊 オウム真理教が急成長する 「核家族神話」の崩壊が進む
1992年		ゼロ成長の時代に入る

1990年代後半	**児童虐待件数の急増**	家庭にパソコンが普及しはじめる
	学級崩壊が問題になる	携帯電話の普及が始まる
	うつ病が急増。とくに若年者のうつ病が増加	一世帯あたりの収入がもっとも多い時期
1997年	神戸連続児童殺傷事件	「パラサイト・シングル」が話題となる
1998年	黒磯市女性英語教師殺人事件	「生活が苦しい」と答える世帯が50％を超す
2000年代	ストーカー殺人、突発性の犯罪が急増	1人世帯と2人世帯で全世帯の50％を超す
	児童虐待・児童の遺棄などが一層、問題化する	シングルマザー、シングルファーザーの急増
	親殺しが増える	「今の会社に一生勤めたい」という若者の増加
2010年代		
2011年	**児童虐待は増加の一途をたどる**	東日本大震災
		不安を抱きながらも満足度の高い若者たち
		日本初のネット依存専門外来が始まる
2013年	非行少年・刑法犯少年は減少傾向	
2014年	佐世保女子高生による殺人事件	「インビジブル・ファミリー」が話題になる
	名古屋大学女子学生による殺人事件	
2015年	川崎の少年殺人事件など稚拙な犯罪が増える	

参考文献

飯島愛『プラトニック・セックス』小学館・2000
稲村博『不登校の研究』新曜社・1994
牛窪恵『草食系男子「お嬢マン」が日本を変える』講談社＋α新書・2008
牛窪恵『大人が知らない「さとり世代」の消費とホンネ』PHP研究所・2013
岡田尊司『アスペルガー症候群』幻冬舎新書・2009
小此木啓吾『モラトリアム人間の時代』中央公論社・1978
姜昌勲『あなたのまわりの「コミュ障」な人たち』ディスカヴァー携書・2012
清川輝基『人間になれない子どもたち』枻出版・2003
久我尚子『若者は本当にお金がないのか?』光文社新書・2014
栗原彬『増補・新版 やさしさの存在証明』新曜社・1996
小泉英二編著『登校拒否——その心理と治療』学事出版・1973
子どものからだと心・連絡会議編『子どものからだと心白書2009』
ブックハウス・エイチディ
齋藤孝『若者の取扱説明書』PHP新書・2013
斎藤環『社会的ひきこもり』PHP新書・1998
斎藤環『承認をめぐる病』日本評論社・2013
鈴木大介『最貧困女子』幻冬舎新書・2014

田中康夫『なんとなく、クリスタル』河出書房新社・1981
樽味伸『臨床の記述と「義」』星和書店・2006
土井隆義『〈非行少年〉の消滅』信山社出版・2003
土井隆義『友だち地獄』ちくま新書・2008
豊田正義『独りぼっち　飯島愛　36年の軌跡』講談社・2009
中里至正・松井洋『日本の若者の弱点』毎日新聞社・1999
中島梓『コミュニケーション不全症候群』ちくま文庫・1995
鍋田恭孝『対人恐怖・醜形恐怖――「他者を恐れ・自らを嫌悪する病い」の心理と病理』金剛出版・1997
鍋田恭孝『変わりゆく思春期の心理と病理』日本評論社・2007
鍋田恭孝編『思春期臨床の考え方・すすめ方』金剛出版・2007
鍋田恭孝連載「子どもの〝生きる力〟を考える」『児童心理』2010・10〜2011・3　金子書房
鍋田恭孝『身体醜形障害』講談社・2011
鍋田恭孝『うつ病がよくわかる本』日本評論社・2012
鍋田恭孝編著『摂食障害の最新治療』金剛出版・2013
鍋田恭孝『10歳までの子を持つ親が知っておきたいこと』講談社・2015
南条あや『卒業式まで死にません』新潮文庫・2004
日本子ども家庭総合研究所編『日本子ども資料年鑑　2013』KTC中央出版
野井真吾『ここが〝おかしい〟!?　子どものからだ』芽ばえ社・2007

野村総合研究所『なぜ、日本人はモノを買わないのか？』
東洋経済新報社・２０１３
原田曜平『さとり世代』角川oneテーマ21・２０１３
原田曜平『ヤンキー経済』幻冬舎新書・２０１４
広瀬徹也『抑うつ症候群』金剛出版・１９８６
古市憲寿『絶望の国の幸福な若者たち』講談社・２０１１
三沢直子『殺意をえがく子どもたち――大人への警告』学陽書房・１９９８
宮岡等編「うつ病は治るか」『こころの科学』１４６号　日本評論社・２００９
宮台真司『14歳からの社会学』世界文化社・２００８
村上春樹『色彩を持たない多崎つくると、彼の巡礼の年』文藝春秋・２０１３
村上龍『ラブ＆ポップ』幻冬舎・１９９６
村山士郎編『激変する日本の子ども』桐書房・２０００
山岡拓『欲しがらない若者たち』日経プレミアシリーズ・２００９
山竹伸二『「認められたい」の正体』講談社現代新書・２０１１
山田昌弘『少子社会日本』岩波新書・２００７
山田昌弘『なぜ若者は保守化するのか』東洋経済新報社・２００９
湯沢雍彦・宮本みち子『新版　データで読む家族問題』ＮＨＫブックス・２００８
横峯吉文『天才は10歳までにつくられる』ゴルフダイジェスト社・２００７
和田秀樹『なぜ若者はトイレで「ひとりランチ」をするのか』祥伝社・２０１０